池上彰のよくわかる
世界の宗教
アメリカの宗教

著／池上 彰　編／こどもくらぶ

丸善出版

アメリカの自由の象徴「自由の女神」。

はじめに

　「自分はなぜ生まれてきたのだろうか」「何のために生きているのか」と考えたことはありませんか？　また、「死んだあとはどうなるのだろう」と考えて、こわくなったことはありませんか？　自分の肉親や友だち、かわいがっていたペットが亡くなってしまったこともあるかもしれません。「死んでしまっても、魂のようなものがどこかに存在しているにちがいない」と思う人もいるのではないでしょうか。

　多くの宗教は、人がどのように生きていけば、安心して幸せに生きていけるのか、「死」をおそれずに受けいれるにはどうしたらいいのかを考えたことから生まれました。

　また、宗教は自然と深く結びついています。適度な雨と日光、そして大地が、作物を実らせます。自然は、人間が生きていくためになくてはならないものです。しかし、自然は同時に、洪水などの災害を引きおこし、一瞬にして生命をうばうものでもあります。そのため、世界のほとんどの地域の人びとは、はるか昔から自然に対する感謝とともにおそれの気持ちをいだいてきました。こうしたところからも、宗教が生まれたと考えられています。

　この本では、アメリカ合衆国と宗教についてとりあげます。

　アメリカには、世界中からさまざまな人びとが移住してきています。そのため、アメリカで信じられている宗教もさまざまです。

2009年1月におこなわれた、バラク・オバマ第44代アメリカ大統領の就任式のようす。　写真：ロイター／アフロ

　けれども、アメリカでは、国の重要な行事などに、キリスト教でとくにたいせつにされている『聖書』が登場します。いちばん代表的な例が、上の写真の「大統領就任式」です。大統領になる人は、聖書に左手をおいて、右手をあげて大統領の職務をなしとげることを「宣誓」します。宣誓とは、正しい心をもってそれをおこなうと神にちかうことです。

　また、裁判所で証言がおこなわれるさいにも、証人は最初に、「うそをつきません」と聖書に手をあててちかわなくてはなりません。ほかにも、アメリカでは、あらゆる場面で聖書が登場し、神（God）という言葉がたくさんつかわれます。

　このことに、多民族国家アメリカの、宗教に関するひみつがかくされているようです。それではいっしょに見ていきましょう。

　現在、世界には宗教が原因となって紛争がつづいている地域がたくさんあります。アメリカでも、2001年におこった「9.11アメリカ同時多発テロ」ののち、テロが宗教の対立から生まれているという考えがでてきました。宗教は、人の幸せをめざすものであるのに、どうして宗教をめぐって不幸がおこるのでしょうか。このことについてもいっしょに考えてみましょう。

もくじ

PART 1　アメリカ合衆国とキリスト教
アメリカで信じられている宗教は？ 6
アメリカ合衆国の建国とキリスト教とのかかわり ... 8
アメリカ人とキリスト教の関係は？ 12
大統領とキリスト教のかかわり 16
神に祈った歴代大統領 18
アメリカ国内のキリスト教の宗派 20
キリスト教原理主義とは？ 24
科学とキリスト教のかかわり 28

PART 2　キリスト教以外の宗教とアメリカ
アメリカとユダヤ教 32
アメリカとイスラム教 38
マルコムXとキング牧師 40

PART 3　アメリカ社会と宗教のこれから
宗教のちがいを尊重しようとするアメリカ 42
9.11テロ後のアメリカと宗教のうつりかわり 44

全巻さくいん 46

PART 1 アメリカ合衆国とキリスト教

アメリカで信じられている宗教は?

世界中から人びとがうつりすんできているアメリカ合衆国では、国民が信じる宗教はじつにさまざまです。

移民によって建国された国、アメリカ合衆国

アメリカには、白人、黒人、黄色人種など、肌の色が異なるさまざまな人びとがいます。それは、いろいろな人びとが世界中から移住してきているからです。

以前からアメリカ大陸に住んでいた**ネイティブアメリカン**（インディアン）をのぞけば、いまのアメリカ合衆国に住んでいるのは、みんなほかの国からやってきた人たち、もしくはその子孫たちです。

アメリカに移住してきた人びとのほとんどは、アメリカにくる前から信じていた宗教を、その後も信じつづけています。その結果、いろいろな宗教が見られるのです。

インド系移民のシク教徒によるパレードのようす。

自由の国アメリカで、宗教の自由はとてもたいせつにされているんだ。

路上でパフォーマンスをおこなう黒人男性たち。

ニューヨークのチャイナタウン。中国系移民の町。

ネイティブアメリカン アメリカ大陸にヨーロッパ人がやってくる前から住んでいた民族のこと。「インディアン」というよび名は、ヨーロッパ人としてはじめてアメリカ大陸の近くの島に着いたコロンブスが、そこをインドだと思い、先住民を「インディオ」（スペイン語でインド人）とよんだことに由来する。

PART 1 アメリカ合衆国とキリスト教

アメリカ人が信じる宗教

現在アメリカでは、どのような宗教を、どのくらいの人が信じているのでしょうか。ひとつの世論調査（2015年ギャラップ社）を見てみましょう。

キリスト教（プロテスタント）（→P20）	38％
キリスト教（カトリック）（→P20）	23％
キリスト教（宗派特定せず）	9％
キリスト教（モルモン教）（→P23）	2％
ユダヤ教（→P32）	2％
そのほか	6％
なし	16％
答えず	4％

この世論調査からは、キリスト教徒が圧倒的に多いことがわかります。あわせると72％もの人たちがキリスト教徒で、ほかの宗教を信じる人たちがわずかにいるというのが現実です。

また、おなじ世論調査では、アメリカ人の90％が「神を信じる」と答えています。さらに、天国があることを信じる人は81％、地獄があることを信じる人は70％という結果がでています。これらも、キリスト教徒が多いことと関係しているのです。

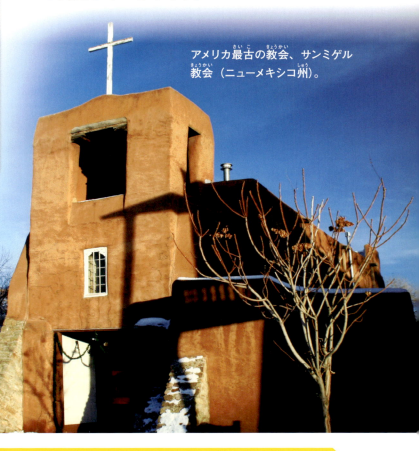

アメリカ最古の教会、サンミゲル教会（ニューメキシコ州）。

人種のるつぼか、サラダボウルか？

世界中から多くの人たちがうつりすんでくることで、アメリカでは、さまざまな文化がまざりあっています。以前は、このようすを人種の「るつぼ」（メルティングポット）とよんでいました。「るつぼ」とは、金属を溶かすのにつかう容器のことです。アメリカを、さまざまな金属（＝人種・民族）が溶けあってまざる場として、るつぼにたとえたのです。

ところが最近では、異なった文化を尊重し、理解しあうことのたいせつさがさけばれるようになりました。アメリカでは、文化が単にまざりあっているのではなく、それぞれが独立しながら共存している状態であることから、アメリカ社会は「るつぼ」ではなく、「サラダボウル」にたとえられるようになりました。キュウリやトマト、レタスなど、何種類もの野菜がサラダボウルのなかでまざりあっている、それぞれの野菜（＝人種・民族）が、自分たちのかたちや味（文化など）をたもったまま、おたがいを尊重しあってひとつのサラダボウル（＝アメリカ）に入っているというのです。こうした「サラダボウル」こそが、現在のアメリカのすがたであるといってよいでしょう。

7

アメリカ合衆国の建国とキリスト教とのかかわり

アメリカにキリスト教徒が多いのは、
アメリカ合衆国の建国に、キリスト教が深くかかわっていたからです。

イギリス人がやってきた

ア メリカの東海岸のボストンから約60kmのところに、プリマスという、人口5万人ほどの小さな町があります。ここは、アメリカ人なら知らない人がいないくらい有名な町です。なぜなら、現在のアメリカの原点といえる場所だからです。

1620年の夏、102人の乗客と27人の乗員が帆船「メイフラワー号」に乗ってイギリスから、イギリス領だったバージニア植民地（現在のニューヨーク市のあたり）をめざしました。ところが、悪天候により、出発してから66日目のこと、バージニア植民地よりずっと北に着いてしまいました。このとき上陸した102人を、アメリカでは「ピルグリムファーザーズ（巡礼父祖という意味）」とよびます。

102人は、バージニア植民地に定住するためのイギリス国王の許可をもっていたのですが、その地では許可証は意味をなしませんでした。そこで、あらたに独自の誓い（メイフラワー号の誓い）を自分たちでむすぶことになり、41人の男性が署名しました。

彼らは、上陸し、開拓に適した土地を見つけてプリマスと名づけ、定住することに決めました。この署名した41人がアメリカの「建国の父」となったのです。

アメリカとイギリスの位置関係（州は現在のもの）

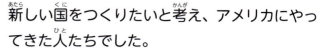
キリスト教をもとに理想の国家をつくる

そのころイギリスでは、国王や政府が、国民に「**イギリス国教会**」を信じるように強制していました。そのため、それに不満をもつ多くの人びとが、信仰の自由を求めて、新天地アメリカにわたったのです。

彼らの多くは「**ピューリタン**」（清教徒）とよばれる人びとで、キリスト教のなかでも「プロテスタント」（→P20）にぞくする宗派の教えを信じる人たちでした。

メイフラワー号が到着するとまもなく冬がおとずれ、きびしい寒さのために、多くの人が翌年の春までに死んでしまいました。

それから10年後の1630年、今度はおよそ1000人の人びとが、「アーベラ号」という船に乗ってボストンに上陸しました。彼らも、自分たちの信仰を守りながら、新しい国をつくりたいと考え、アメリカにやってきた人たちでした。

このときの指導者ジョン・ウィンスロップは、「われわれは、山の上の町とならなければならない」と仲間によびかけました。この「山の上の町」とは、『**新約聖書**』にイエス・キリストの言葉としてでてくるものです。

イエスは、「山の上にある町は、隠れることができない」といったと伝えられています。ウィンスロップは、「山の上の町」のように、いつどこから見られてもよい理想の町をつくらなければならない、と考えたのです。

> アメリカの建国とキリスト教の関係は、切りはなすことができないのね。

先住民の命をうばった天然痘

アメリカには、イギリス人たちがやってくるずっと前から、ネイティブアメリカン（インディアン→P6）とよばれる先住民がいました。

ところが、イギリス人到着の前に、アメリカ大陸で**天然痘**が流行し、多くの先住民が亡くなりました。

ウィンスロップは、このときのようすをつぎのように書いています。

「この地方の原住民［先住民］についていえば、神様がかれらを追跡してくださったので、300マイルの範囲に関しては、その最大部分が、今なお彼らのあいだで流行している天然痘で一掃されようとしています。」（ジェームズ＝W・ローウェン著、富田虎男監訳『アメリカの歴史教科書問題』。［　］は編集部注）

ウィンスロップは、神が病気をはやらせて、先住民を死なせ、自分たちに土地をあたえたといっていますが、実は、天然痘はそれ以前にヨーロッパからきた人びとがもってきた病気だったのです。

イギリス国教会　1534年、イギリス国王ヘンリー8世がはじめたキリスト教の宗派。ヘンリー8世は、離婚問題でカトリック教会と対立し、そのため、自分が主権をにぎる教会をつくった。

ピューリタン　イギリス国教会を、聖書にしたがって清らかなものにする（英語でpurify）ことを求めたためにこうよばれた。

新約聖書　キリスト教の経典。『旧約聖書』とともに『聖書』を構成する。イエス・キリストと弟子たちの言葉をまとめたもの。

天然痘　天然痘ウイルスに感染することによっておこる、伝染性の強い病気。感染すると高熱、頭痛、腰痛などとともに、頭や顔に独特の発疹がでる。各国やWHO（世界保健機関）の努力の結果、1980年、世界中から絶滅した。

アメリカの建国と、決められなかった「国教」

ピューリタンたちがやってきたあと、アメリカには、イギリス国教会やカトリック（→P20）、**クウェーカー教徒**など、キリスト教のほかの宗派の人びともわたってきました（→P21）。

そして、それぞれの宗派に分かれてアメリカの開拓が進められました。結果、マサチューセッツはピューリタンたちに、ペンシルベニアはクウェーカー教徒に、メリーランドはカトリックに、バージニアはイギリス国教会を信じる人たちにというかたちで、地域ごとに開拓されたのです。1760年ごろまでに13の植民地がつくられていきました。

その後、この13の植民地がひとつにまとまって、イギリスから独立（1776年）。「アメリカ合衆国」として連合国家を建設したのです。

国としてひとつにまとまるためには、宗派のちがう人びとが協力して、憲法など、いろいろなことを決めなければなりませんでした。

そこで、キリスト教についても、決まりごとをつくろうとしました。しかし、さまざまな宗派の人びとがいたために、特定の宗派を、国の宗教（国教）とすることはできませんでした。

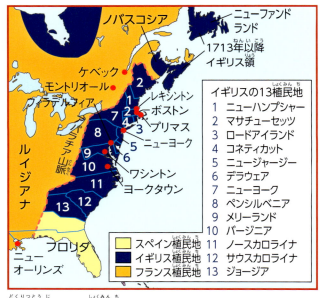

独立当時の13の植民地　　出典：「詳説　世界史」山川出版社より作成

星条旗と13植民地

アメリカの国旗は「星条旗」(Stars and Stripes) とよばれています。横しまが独立当初の13の植民地、左上の星が現在の50州をあらわしています。

13の植民地で独立して以降、アメリカは西へ西へと開拓を進め、国土を広げていきました。国旗は、1777年6月に、13の横しまと、左上に13の星をつかったデザインが決定され、州の数がふえるにつれて、横しまと星をふやしていこうとしました。しかし、横しまをふやしていくには、しまが細くなっていってしまい限界があるため、1818年、横しまは独立当初の13にして、星だけをふやしていくことが決定されました。

現在の旗は1960年に、50番目の州としてハワイがくわわったときからつかわれているもので、このかたちになるまでに、全部で27回も旗のデザインが変更されました。

| 1776年に、ワシントン大統領の助言にもとづいてつくられたといわれる旗。 | 1777～1795年に正式につかわれた最初の星条旗。13の横しまと13の星でつくられている。 | 1861～1863年につかわれた16番目の星条旗。横しまが13、星が34ある。 | 1960年からつかわれている現在の星条旗。横しまが13、星が50ある。 |

クウェーカー教徒　17世紀にイギリスで設立された宗教団体。ペンシルベニア州フィラデルフィア周辺に教徒が集中している。

政教分離の原則

1 788年に発効したアメリカ合衆国憲法には、「国教」についてまったくふれられていませんでした。ところが、1791年におこなわれた憲法修正で、つぎのような条文がつけくわえられたのです。

> アメリカ合衆国憲法修正第一条
> 「連邦議会は、宗教を国定したり、宗教上の自由な活動を禁止したりする法律を制定してはならない」

これは、国教にいっさいふれずにいた当初の状態から一歩ふみこんだものでした。なぜなら、この条文により、アメリカでは、政治と宗教が明確に分けられたからです。

ところが、「国教を定めないこと、また国家がどんな宗教の活動をも禁止してはいけない」という意味は、宗教、つまりキリスト教が政治にかかわることを禁止したものではなかったといわれています。これは、「キリスト教のなかの特定の宗派を、特別あつかいしない」ということだったのです。

このように見てくると、アメリカはキリスト教徒によってつくられてきたために、キリスト教と政治がかかわるのはさけられないことであったことがわかります。だからこそ、アメリカ大統領の就任式でも神への宣誓がおこなわれるわけです（→P3）。

オバマ大統領は、2009年の大統領就任演説で、つぎのように「神（God）」という言葉をつかったね。
「God bless you. And God bless the United States of America.」
「神のご加護がみなさんにありますように。また、神のご加護がアメリカ合衆国にありますように」。

日本の政教分離

辞書で「政教分離」を調べてみると、「政治と宗教がたがいに介入しあうのを禁止すること」、つまり、国の政治と宗教を切りはなして、どんな宗教も政治にかかわってはいけないということが書かれています。

右の日本国憲法にも、この意味の「政教分離」がうたわれています。アメリカと日本はこの点で、どのようなちがいがあるでしょうか。この本をよく読んで考えてみましょう。

■第20条（信教の自由、政教分離）
1. 信教の自由は、何人に対してもこれを保障する。いかなる宗教団体も、国から特権を受け、又は政治上の権力を行使してはならない。
2. 何人も、宗教上の行為、祝典、儀式又は行事に参加することを強制されない。
3. 国及びその機関は、宗教教育その他いかなる宗教的活動もしてはならない

宣誓 近年になって、キリスト教以外の宗教を信じる人びともふえてきたので、そうした人びとへの配慮がなされるようになってきている。

アメリカ人とキリスト教の関係は？

キリスト教は、実際に、アメリカの人びとにどのような影響をおよぼしているのでしょうか。アメリカ人の生活とキリスト教のかかわりについて見てみましょう。

ニューヨークにあるセントパトリック大聖堂。アメリカ最大で、世界でも11番目に大きなカトリックの教会。1888年完成。

アメリカ社会のなかのキリスト教

ア アメリカの教会では、毎週日曜日に礼拝行事がおこなわれます。教会によっては、入りきれないほどの信者がくるため、何回にも分けて礼拝をおこなうところもあります。

また、アメリカ人の結婚式は、教会でおこなわれるのがふつうです。子どもが生まれれば、教会で洗礼式をおこないます。地域でおこなわれるさまざまな奉仕活動（ボランティア）も、多くは教会が中心になっておこなわれます。このように、アメリカ人にとってキリスト教は、非常に身近なものなのです。

洗礼式 正式にキリスト教徒になるための儀式。

PART 1　アメリカ合衆国とキリスト教

感謝祭(Thanksgiving Day)を祝う

キリスト教に関係した大きな行事には、毎年3月下旬から4月上旬にかけておこなわれる「復活祭（イースター）」と、11月の第4木曜日におこなわれる「感謝祭」、また12月のクリスマスがあります。

「感謝祭」は、メイフラワー号でアメリカ大陸にやってきたピューリタンたちに由来した、アメリカ（とカナダ）の独自の祭りです。初代大統領のジョージ・ワシントンが、1789年、国民にこの祭りをおこなうように指示したことがきっかけで、アメリカ全土で毎年おこなわれるようになりました。

メイフラワー号でやってきて、最初の冬をこすことができた人びとは、翌年の秋、農作物の収穫を神に感謝する食事会をひらきました。トウモロコシなどの、新大陸に適した作物の知識を教えてくれたネイティブアメリカン（インディアン）たちもまねいて、野生の七面鳥を料理したものをふるまったといわれています。

この食事会にちなんで、アメリカ人はいまでも、七面鳥の料理を家族でかこみ、建国の父であるピューリタンたちの苦労に思いをはせています。

写真：Everett Collection／アフロ

ピューリタンたちによる初期の感謝祭。

七面鳥の料理で感謝祭を祝う。

クリスマス(Christmas)を祝う

感謝祭がすぎると、クリスマスの準備期間に入ります。町は電球などでかざりつけられ、クリスマスの雰囲気になっていきます。

クリスマス前には各地でパーティーがおこなわれ、にぎやかになりますが、24日のクリスマスイヴと25日のクリスマス当日は、しずかにキリストの誕生を祝うようすが見られます。

熱心な信者は24日にイヴの礼拝にでかけます。25日は多くの店やレストランが休業、または早くに閉店するので、外出する人も少なくなります。家族や親族が集まって、家でプレゼントを交換したり食事をしたりしながらすごすことが多いようです（→P42）。

ニューヨークのロックフェラーセンター前にかざられたクリスマスツリー。大きくはなやかで有名だ。

復活祭　十字架にかけられたイエス・キリストが3日目に復活したことを記念する祭り。新しい生命が生まれでる象徴とされる卵（イースターエッグ）などを食べる習慣がある。「春分の日のあとの最初の満月の次の日曜日」におこなわれるため、日付は毎年かわる。

アメリカ人にとって「God」とは？

11ページで見たように、アメリカに「国教」はありません。しかし、実際には「神」(God)を信じるということが、国をまとめる宗教のような役割をはたしているのです。

これはどういう意味でしょうか？ キリスト教の教えは、アメリカ人にとって身近で、なくてはならないものですが、もちろん、アメリカにはキリスト教徒だけではなく、ユダヤ教など、ほかの宗教を信じる人びともたくさんいます。

「God」とは、もともと「この世界をつくった唯一の神」という意味の言葉です。とくに、アメリカでのGodは、キリスト教、ユダヤ教、イスラム教などで信じられている「神」を意味しているのです（→P15）。

もしも、「神」(God)のかわりに「キリスト」(Christ)というとすれば、イエス・キリストを認めていないユダヤ教徒や、認めてはいるけれども、**ムハンマド**のほうがキリストより重要だと考えているイスラム教徒が反発します。なぜなら、「**キリスト**」（救世主）は、キリスト教徒にかぎったいい方だからです。

「God」という言葉をつかえば、ユダヤ教などのほかの宗教を信じる人たちも怒りません。

アメリカのお札やコインにも、「IN GOD WE TRUST（われわれは神を信じる）」という文字がきざまれているのよ。

コイン、1ドル紙幣

ムハンマド イスラム教をはじめた人物。
キリスト ギリシャ語で「救世主」という意味。イエス・キリストという名前自体に、イエスを救世主として認めるというキリスト教徒の立場があらわれている。

一神教と多神教

キリスト教、ユダヤ教、イスラム教のような、「この世界をつくった唯一の神がいる」と信じる宗教のことを「一神教」といいます。

実は、キリスト教、ユダヤ教、イスラム教では、おなじ神が信じられています。キリスト教は、ユダヤ教をもとに生まれた宗教で、ユダヤ教の経典『聖書（律法）』も、『旧約聖書』とよんでたいせつにしています。

イスラム教は、ユダヤ教とキリスト教の両方の影響を受けてできた宗教で、『コーラン』をいちばんたいせつにしながらも、ユダヤ教、キリスト教の経典も認めています。したがって、キリスト教とユダヤ教とイスラム教は、兄弟の宗教であるといえるのです。キリスト教徒の多いアメリカで、ユダヤ教やイスラム教は比較的理解されやすい宗教だといえるでしょう。

これに対し、仏教やヒンドゥー教は、キリスト教などとはまったく別のところから生まれた宗教で、「たくさんの神がみがいる」とする「多神教」です。アメリカでも日系人などのあいだで仏教が、インド系移民のなかでヒンドゥー教が信じられていますが、少数派にとどまっています。

近年では、仏教などをふくむアジアの文化や宗教に興味をもつアメリカ人が多くなっています。なかには、日系人たちが結成している「仏教会」に入会する白人のアメリカ人もいます。けれども、大多数のアメリカ人にとっては「多神教」は未知のものであり、理解しにくいこともあるようです。

ニューヨークにあるヒンドゥー教寺院。

ニューヨークにあるシク教の寺院。シク教は、ヒンドゥー教とイスラム教の影響を受けてできた一神教。

ロサンゼルスにある仏教のお寺、高野山米国別院。

大統領とキリスト教のかかわり

アメリカ国民を代表するのが大統領です。
ここでは、アメリカでの大統領という立場が、
キリスト教と深く関係していることについて見てみましょう。

宗派が重要？

ア　メリカには「WASP」という言葉があります。これは、「White Anglo-Saxon Protestant」の略で、白人で、**アングロサクソン系**であって、プロテスタントの人という意味です。

アメリカ社会では、WASPの人びとが強い力をもってきました。なぜなら、彼らこそが「建国の父」とよばれるピューリタンたちの子孫とされているからです。そのため、WASPでなければ、アメリカの大統領になれないといわれてきました。

しかし、これをやぶったのが、第35代大統領の**ジョン・F・ケネディ**です。彼は、白人ですが、アングロサクソン系ではありません。アイルランド系で、そのうえプロテスタントでなくカトリックです。そのため、1960年にケネディが大統領選挙に出馬したときには、「カトリック教徒が大統領選挙にでる」と、大騒ぎになりました。

選挙戦ははげしいものでしたが、ケネディは、ごくわずかの差で大統領になりました。

1963年、ケネディ大統領は、ダラスで暗殺されてしまいました。なぜ殺されたのか？　いまだに真相はわかっていません。

その後、カトリック教徒で大統領になった人はいまのところひとりもいません。

ジョン・F・ケネディは、歴代の大統領のなかでもとくに人気が高かったために、暗殺のニュースは世界中に大きな衝撃をあたえた。

アングロサクソン系　5世紀なかば以降、ドイツの西北部からイギリスにわたったゲルマン民族の一部。イギリス国民のもとになっている。
ジョン・F・ケネディ　1917年、マサチューセッツ州生まれ。1952年に上院議員、1961年に大統領に当選。国内では改革の雰囲気を高め、外交面では、世界平和のための外交につくした。

キリスト教徒としてアピール

PART 1 アメリカ合衆国とキリスト教

アメリカでは、大統領選挙のとき、どの候補者も当選するために、自分がいかに熱心なキリスト教徒で、どれほど神を信じているかを主張しあいます。教会で祈るようすを新聞社やテレビに撮影させて、自分が熱心なキリスト教徒であることを国民にアピールすることもあります。

2015年6月17日に、サウスカロライナ州にあるプロテスタント教会で銃の乱射事件がおこり、男女9人が殺害されました。同じ教会で26日におこなわれた葬儀に出席したオバマ大統領は、讃美歌の「アメージンググレース」を参列者の前でみずからうたって、追悼の意をあらわしました。これも、キリスト教徒としての姿勢を示したといえるでしょう。

■歴代のアメリカ大統領

代	名前	在職期間	生まれた場所
1	ジョージ・ワシントン	1789年～1797年	バージニア植民地
2	ジョン・アダムズ	1797年～1801年	マサチューセッツ植民地
3	トマス・ジェファーソン	1801年～1809年	バージニア植民地
4	ジェームズ・マディソン	1809年～1817年	バージニア植民地
5	ジェームズ・モンロー	1817年～1825年	バージニア植民地
6	ジョン・Q・アダムズ	1825年～1829年	マサチューセッツ植民地
7	アンドリュー・ジャクソン	1829年～1837年	サウスカロライナ植民地
8	マーティン・ビューレン	1837年～1841年	ニューヨーク州
9	ウィリアム・ハリソン	1841年3月～4月	バージニア植民地
10	ジョン・タイラー	1841年～1845年	バージニア州
11	ジェームズ・ポーク	1845年～1849年	ノースカロライナ州
12	ザカリー・テーラー	1849年～1850年	バージニア州
13	ミラード・フィルモア	1850年～1853年	ニューヨーク州
14	フランクリン・ピアース	1853年～1857年	ニューハンプシャー州
15	ジェームズ・ブキャナン	1857年～1861年	ペンシルベニア州
16	アブラハム・リンカーン	1861年～1865年	ケンタッキー州
17	アンドリュー・ジョンソン	1865年～1869年	ノースカロライナ州
18	ユリシーズ・グラント	1869年～1877年	オハイオ州
19	ラザフォード・ヘイズ	1877年～1881年	オハイオ州
20	ジェームズ・ガーフィールド	1881年3月～9月	オハイオ州
21	チェスター・アーサー	1881年～1885年	バーモント州
22	ステファン・クリーヴランド	1885年～1889年	ニュージャージー州
23	ベンジャミン・ハリソン	1889年～1893年	オハイオ州
24	ステファン・クリーヴランド	1893年～1897年	ニュージャージー州
25	ウィリアム・マッキンレー	1897年～1901年	オハイオ州
26	セオドア・ローズヴェルト	1901年～1909年	ニューヨーク州
27	ウィリアム・タフト	1909年～1913年	オハイオ州
28	ウッドロー・ウィルソン	1913年～1921年	バージニア州
29	ウォレン・ハーディング	1921年～1923年	オハイオ州
30	カルヴィン・クーリッジ	1923年～1929年	バーモント州
31	ハーバート・フーヴァー	1929年～1933年	アイオワ州
32	フランクリン・ローズヴェルト	1933年～1945年	ニューヨーク州
33	ハリー・トルーマン	1945年～1953年	ミズーリ州
34	ドワイト・アイゼンハワー	1953年～1961年	テキサス州
35	ジョン・F・ケネディ	1961年～1963年	マサチューセッツ州
36	リンドン・ジョンソン	1963年～1969年	テキサス州
37	リチャード・ニクソン	1969年～1974年	カリフォルニア州
38	ジェラルド・フォード	1974年～1977年	ネブラスカ州
39	ジミー・カーター	1977年～1981年	ジョージア州
40	ロナルド・レーガン	1981年～1989年	イリノイ州
41	ジョージ・ハーバート・ブッシュ	1989年～1993年	マサチューセッツ州
42	ビル・クリントン	1993年～2001年	アーカンソー州
43	ジョージ・ブッシュ	2001年～2009年	コネティカット州
44	バラク・オバマ	2009年～2016年	ハワイ州

キリスト教の教えを何よりもだいじに考える人びとが、アメリカ社会で非常に大きな影響力をもっていることについて、24ページ以降で紹介しているよ。

神に祈った歴代大統領

アメリカの大統領にとって、キリスト教がどんなに重要か、4人の歴代大統領の発言からさぐってみましょう。

＊引用文中の［　］内は編集部注。

歴代大統領のキリスト教にもとづいた発言

第39代ジミー・カーター大統領

1977年に大統領に就任したジミー・カーターは、熱心なキリスト教徒として知られていました。彼は、大統領時代をふりかえって、つぎのように記しています。

「私はそれまでの人生で祈ったより、［大統領の任期中］多く祈った。私の祈りは神が私にすんだ心と、正しい判断とアメリカや外国の多くの人々に影響を与える問題を処理するための智恵を与えてくれるように、というものであった。私の下した決定が常に正しかったと主張することはできないが、祈りは私を助けてくれた。少なくとも祈ることによって私は毎日私の果たさなければならない責任と相対する時でも、怖気［おそれ］や絶望感を抱かなかったからである」（ジミー・カーター著、持田直武ほか訳『カーター回顧録』）

神に祈ることが、大統領の任務をおこなうためにいかに重要であったかを語っているのです。

第40代ロナルド・レーガン大統領

カーターをやぶり、1981年に大統領となったロナルド・レーガンは、1989年まで2期の任期をつとめました。1987年の演説では、つぎのようにのべました。

「神意の導きの手は、このアメリカという新国家をアメリカ国民だけのためではなく、もっと崇高な目的のために創られました。すなわち、人類の自由という聖なる火を守り、広げるためでもあるのです。これはアメリカの厳粛なる義務なのであります」（リチャード＝V・ピラード、ロバート＝D・リンダー著、堀内一史ほか訳『アメリカの市民宗教と大統領』）

アメリカは、現在でも世界のいろいろな地域の情勢について積極的にかかわっています。このレーガンの発言にはその理由が示されています。つまり、「人類の自由」という理想を世界に広げるために、「神によってアメリカがつくられたのだから、これを実行していかなければならない」というのです。

第42代ビル・クリントン大統領

ビル・クリントンも、1993年から2001年まで、2期にわたって大統領をつとめました。1993年1月の大統領就任演説では、つぎのような言葉を聖書から引用しました。

「たゆまず善を行いましょう、飽きずに励んでいれば、時が来て、実を刈り取ることになります」（『新約聖書』ガラテヤの使徒への手紙、6章9節）

このとき、クリントンは、ほかにも聖書でつかわれている言葉を引用して、国民にいつも誠実でいることをうったえました。

第43代ジョージ・ブッシュ大統領

歴代の大統領のなかでも、2001年から2009年まで大統領をつとめたジョージ・ブッシュは、とくに熱心なキリスト教徒として知られています。ブッシュみずから、つぎのように語っています。

「信仰があったからこそ、人々が好まない決断もできた。そして信仰に基づいて、世論の人気のないことでも、正しいと思うことは断行した。さらに、信仰があるからこそ、人生を楽しむことができた」（ジョージ・ブッシュ著、藤井厳喜訳『ジョージ・ブッシュ 私はアメリカを変える』）

ブッシュは、自分の神への信仰心を、歴代の大統領にもまして前面におしだしたことで、南部のキリスト教原理主義者（→P24）の支持を受けたようです。

礼拝を終え、手をふり教会をあとにするジョージ・ブッシュ大統領と夫人（2005年1月）。

アメリカ国内のキリスト教の宗派

キリスト教にもさまざまな宗派があります。
ここでは、アメリカで信じられている2大宗派と、
そのほかの代表的な宗派について、簡単に紹介します。

カトリックとプロテスタント

キリスト教の宗派は、「カトリック」と「プロテスタント」に大きく分かれます。このふたつのちがいを知るために、まずはキリスト教の歴史を見てみましょう。

ヨーロッパでは、イエス・キリストの死後300年ごろから、キリスト教が広まっていきました。最初は宗派に分かれていませんでしたが、キリスト教を国教（国の宗教）と定めていたローマ帝国が東西に分かれてしまったことなどから、キリスト教は、1054年に「カトリック」と「東方正教会」というふたつの派に分かれました。

その後、カトリックは、フランスやイタリアなど、西ヨーロッパで広まっていき、教会としてしだいに力をもつようになりました。すると、立場を利用して、金もうけなど悪いことをする神父もでてきました。教会の内部から腐敗が進んでしまったのです。

しかし、16世紀になると、ドイツのキリスト教神学者のマルティン・ルターが、「本当のキリストの教えとはかけはなれている」といって、教会の腐敗を批判しました。

ルターがはじめたこの運動は「宗教改革」とよばれ、それに参加した人びとは「プロテスタント」（「**抗議する人**」の意味）とよばれました。

さらに、スイスのカルヴァンが宗教改革を進めます。カルヴァンはカトリックでそれまでいやしいとされていた「蓄財（財産をためること）」を認めたのです。すると、この新しい考え方が商工業者などに受けいれられ、カルヴァン派となってヨーロッパ各地に広まっていきました。

また、イギリスでも、多くの人びとがカルヴァンの考え方を支持し、カルヴァン派プロテスタントとなりました。彼らは「ピューリタン」（清教徒）とよばれました（→P9）。

ところが1534年、イギリスでは、「イギリス国教会」という、カトリックともプロテスタントともちがう、独自の宗派が国王ヘンリー8世によってつくられたのです。そしてその後、歴代の国王も、国民に対して、イギリス国教会のキリスト教を信じるよう強制し、ピューリタンなどのちがう宗派を信じる人たちを弾圧しました。その結果、多くのピューリタンが、信仰の自由を求めてアメリカにわたりました。

> アメリカのキリスト教の歴史は、8ページから書いてあるよ。

抗議する人 カトリックを支持するドイツの皇帝に対して抗議した。

PART 1 アメリカ合衆国とキリスト教

カトリックとプロテスタントのおもなちがい

●カトリック
- ローマ法王を頂点とした大きな組織である。
- 教会には「神父」がいる（右コラム参照）。
- 原則として離婚は認めない。
- 『聖書』のほかにも、聖母マリアや使徒パウロなどを「聖人」としてうやまうなど、聖書に書かれていなくても教会で決めたことをだいじにする。

●プロテスタント
- ローマ法王を頂点とはしない。何百もの派に分かれており、派ごとに組織がある。
- 教会には「牧師」がいる。牧師は結婚できる。
- 正当な理由があれば離婚を認める。
- 『聖書』をすべての基準として、「聖人」についてなど、聖書に書かれていないことは認めない。

神父？ 牧師？

カトリックでは、教会にいて、信者のためにキリストの教えを説く人のことを「神父」とよんでいます。神と人のあいだをむすぶ、信者にとっての父のようなものであるためにこういうよび名になりました。神父は、独身の男性と決められていて、結婚することはできません。

一方、プロテスタントの教会には「牧師」がいます。神父のような特別な立場の人ではなく、牧場で迷える小羊たちをみちびくような存在であるということから、こういうよび名になりました。なお、牧師は結婚が許されています。

神父か牧師かで、その教会がカトリックなのかプロテスタントなのかがわかるのです。

キリスト教徒のなかの差別

ピューリタンたちがアメリカにわたったあと、19世紀後半から20世紀にかけて、アイルランドから大勢の人がアメリカに移住してきました。

アイルランドでは、19世紀にジャガイモの病気がはやって、大規模な飢饉がおこりました。それをきっかけに生活をおびやかされたアイルランド人が、アメリカにたくさん移住したのです。

アイルランドはカトリックが多い国であったため、移住した人もほとんどがカトリックでした。ところが、当時のアメリカはプロテスタントばかりだったため、彼らはプロテスタントから差別されました。また、アイルランド以外からやってきたカトリックたちも、おなじように差別を受けました。

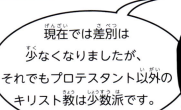

現在では差別は少なくなりましたが、それでもプロテスタント以外のキリスト教は少数派です。

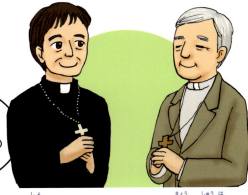

■アメリカで信じられているキリスト教の宗派

宗派	信者数
バプティスト派	約2830万人
メソディスト派	約1310万人
ペンテコスタル派	約1130万人
ルーテル派	約830万人
モルモン派	約510万人
チャーチ・オブ・キリスト派	約350万人
長老派	約410万人
エピスコパル（監督派）	約240万人
改革派	約190万人
エホバの証人	約90万人
アドベンティスト派	約1130万人
救世軍	約50万人
メノ派	約30万人
クウェーカー派	約20万人
そのほか	約280万人

出典：2002 The New York Times Almanac

アーミッシュ

「アーミッシュ」とは、「ヤコブ・アマンにしたがった人びと」という意味です。ヤコブ・アマンとは、スイスのキリスト教（プロテスタント）の牧師で、1639年に自分の宗派をつくった人物です。彼は、それ以前に入っていた教会（プロテスタント系）が、イエス・キリストの教えからはなれてしまったとして、自分のグループをつくりました。

ヤコブ・アマンと仲間たちは、自分たちの信仰を第一と考え、兵役などの「市民の義務」を拒否。すると、ヨーロッパ各地で、彼らに対する弾圧がはじまりました。そのため、彼らは、18世紀の前半から19世紀にかけて、信仰の自由を求めてアメリカにわたってきました。

現在、アーミッシュの人びとは、ペンシルベニア州やオハイオ州、アイオワ州などに住み、電気もガスもつかわず、自動車のかわりに馬車（バギー）をつかう生活をしています。機械や化学肥料もつかわずに農業をおこない、自給自足の生活をしているのです。

おとなの男性は、あごひげを長くのばし、頭にはつばの広い黒い帽子をかぶっています。女性は、長いスカートにエプロンをして、小さな帽子をかぶっています。なぜこうした生活や身なりをしているのでしょうか？

それは、彼らがいまでも18世紀ごろのスイスやドイツの生活を守っているからです。キリストが生きていた時代を理想とし、教会をたてずに家で礼拝をおこないます。アーミッシュの家は、人が集まってお祈りができるように、200人ほどが入れるようにつくられています。

アメリカにわたったアーミッシュたちは、モルモン教（→右ページ）とはちがって、ほとんど弾圧を受けずにすみました。

1930〜1970年代にペンシルベニア州やウィスコンシン州で、**アーミッシュの子ども**の義務教育が問題にされたこともありましたが、アーミッシュの信仰の自由は保障されました。なぜなら、アーミッシュたちは、自分たちの宗教を宣伝しようとせず、外から入ってくる人びとに対しても、かくそうとしなかったからだと考えられます。

このようなアーミッシュの人びとに対しては、尊敬やあこがれの念をもっているアメリカ人も多いようです。

アーミッシュの家族。

アーミッシュの馬車。

宗派 スイスで宗教改革（→P20）がおこなわれたとき、キリスト教の純粋な信仰を求めて多くの宗派ができた。アーミッシュはそのなかのひとつ。

アーミッシュの子ども アーミッシュたちは、子どもの10代の時期を、親といっしょに農作業などをさせて、アーミッシュとしての生き方を学ばせるのに重要な年代だと考える。そのため、中学を途中でやめさせたり、高校にかよわせない親もいる。これが、州の法律で定められていた義務教育の年数にたっしなかったために法律違反とされ、親が逮捕されるといった事件がおきた。

モルмон教

モルモン教は、アメリカ生まれの宗派です。1830年、ニューヨーク州西部の小さな村で、ジョセフ・スミスをはじめとする6人の信者によってはじめられました。「モルモン教」という名は『聖書』のほかに『モルモン書』という本を重要な経典としているためにこうよばれています。正式名称は「末日聖徒イエス・キリスト教会」(The Church of Jesus Christ of Latter-day Saints) です。聖書以外の経典も信じるので、ほかのキリスト教の宗派を信じる人のなかには、「モルモン教はキリスト教ではない」と考える人もいます。

モルモン教の教えによると、1820年にスミスが、神とイエス・キリストから「それまでの宗教をすべてこえた、真実の救いの道が示されるので待つように」と告げられたといいます。

その3年後、スミスは天使から、モルモン書がきざまれた黄金の版がうめられている場所を教えられたので、これをほりだして翻訳したとして、1830年に出版しました。この経典には、古代イスラエル人でアメリカにわたったリーハイと、その子孫の歴史が書かれています。

こうして、スミスは、聖書やモルモン書に書かれた神の教えにもとづく生活を理想とし、「シオン(神の国)」の建設をめざしました。

その後、この理想を現実にするために、神から資格を認められた者が一夫多妻をおこない、武装軍団ももちました。しかし、これが政府から野蛮な行為とみなされ、禁止されたのです。

彼らははじめ、ミズーリ州に「シオン」の建設を試みましたが、弾圧を受けたため、1837年

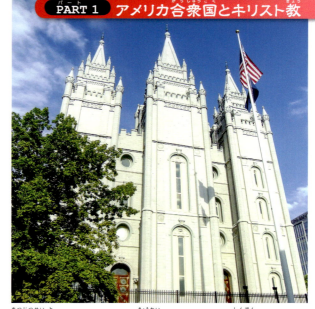

末日聖徒イエス・キリスト教会のソルトレイク神殿。

には、イリノイ州へと中心地をうつしました。

スミスは、1844年に暗殺されますが、跡をついで指導者となったブリガム・ヤングと信者たちは、1846年、現在のユタ州にうつりすみました。そして、当時荒地だった、現在のソルトレイクシティを開拓し、「シオン」をつくっていきました。

しかし、一夫多妻はアメリカ政府によって1887年に禁止され、教団の財産を没収するための法律もつくられました。結局、1890年、モルモン教は一夫多妻をやめることを公式に宣言。その後、モルモン教の特殊な考え方や、生活のしかたがうすらぐにつれ、ソルトレイクシティとその周辺には、モルモン教以外の人びともどんどんやってきて、ユタは1896年にアメリカ合衆国の45番目の州となりました。

ソルトレイクシティは、2002年の冬季オリンピックに象徴されるように、現在では、モルモン教徒だけの特別な町ではなくなっています。

それでも、モルモン教の中心地として、若者たちが教えを広めるため、宣教師としてここから世界中に旅だっています。

モルモン　『モルモン書』の全編を要約した、古代アメリカの預言者の名前とされる。

キリスト教原理主義とは？

アメリカには、キリスト教の教えにもとづいて
すべてをおこなうのがよいと考える人びとがいます。
この人びとがアメリカの政治にも影響をおよぼしています。

『聖書』の内容をそのまま信じる人たち

建 国の歴史（→P8）からもわかるとおり、アメリカの「建国の父」であるプロテスタントの人びとは、イギリス国王や政府がイギリス国教会を強制することをきらい、アメリカにやってきました。したがって、アメリカは宗教の自由を、だいじな国の方針のひとつにかかげて今日にいたっています。アメリカは、さまざまな宗教をもつ人びとが移住しやすい国なのです。

ところが、近年になって、「キリスト教の教えは、とてもすばらしく、すべてをキリスト教にもとづいておこなうべきだ」と考え、それを強く主張する人びとがあらわれてきました。「キリスト教原理主義者」や「宗教保守派」などとよばれる人たちです。

そうした人びとは、とくにアメリカ南部に多くいます。彼らは、『聖書』に書かれていることは、一言一句真実だと信じています。ですから、キリスト教の教えをできるだけ多くの人びとに伝えなければならないと考えているのです。南部のこうした人びとは「**福音主義者**」ともよばれています。

『聖書』の教えをたいせつに生活している人たちは、アメリカ社会のさまざまな面に影響をおよぼしているのよ。

オレンジのアメリカ南東部は、キリスト教原理主義者が多く「バイブルベルト（聖書地帯）」とよばれる。

福音主義者 アメリカ最大の南部バプティスト教会（プロテスタント）に属している人が中心だが、ほかにも、メソディストなど、いくつもの派がある。

PART 1 アメリカ合衆国とキリスト教

テレビ伝道師とは?

アメリカには、テレビでキリスト教の教えを説く「テレビ伝道師」とよばれる人がいます。毎週日曜日、テレビのいくつものチャンネルで、日曜礼拝のようすが中継されています。そこにテレビ伝道師が登場するのです。

伝道師たちは、暴力があふれるアメリカの現状をきびしく批判し、福音書にもとづいて「正しいキリスト教徒」として生活するようによびかけます。これが、「乱れた生活」をきらう人びとの心をつかんでいます。

テレビ伝道師は、1970年ごろから強い影響力をもちはじめ、その考え方に賛成する人びとがふえていきました。さらに、1980年ごろから「宗教保守派」とよばれる人びとがでてきました。この人びとは、「正しいキリスト教」を政治の場にも反映させようと、自分たちの考えを強く主張するようになりました。

テレビ伝道師のなかには、みずから大統領になろうとする人もいました。テレビ伝道師として高い人気をほこったパット・ロバートソンです。

彼は、1988年の共和党の大統領予備選挙に立候補し落選しましたが、その後、選挙中に各州にきずいた組織を利用して、1989年「クリスチャン連合」(Christian Coalition)という組織をつくりました。そして、このクリスチャン連合の仲間たちに、共和党の地域組織に入ることをよびかけ、共和党への影響力を強めていく方針をとったのです。

この方針が成功し、共和党はしだいに「クリスチャン連合」に代表される宗教保守派を無視した政治をおこなうことができなくなっていきました。

2004年11月のアメリカ大統領選挙でも、宗教保守派は、ブッシュ大統領再選への大きな力となりました。この選挙では、共和党のジョージ・ブッシュと、民主党のジョン・ケリーの一騎うちとなりました。民主党側のケリーは、イラク戦争反対を強くうちだしました。しかし、共和党側の宗教保守派は、「ブッシュは妊娠中絶に反対し、同性婚にも反対する」という点で支持をよびかけました。

結局、ブッシュが勝利しましたが、この選挙では、この宗教保守派のうったえが大きく影響したといわれています。とくに、宗教保守派が多いアメリカ南部では、国際問題は論点にならなかったといわれています。

アメリカの有名なテレビ伝道師、ビリー・グラハム(右)。

2016年の大統領選挙の共和党キャンペーンイベントに参加したパット・ロバートソン。

福音書 『新約聖書』のなかで、イエス・キリストの一生や、語った言葉を記録した部分。「マタイによる福音書」「マルコによる福音書」「ルカによる福音書」「ヨハネによる福音書」の4つがある。
共和党 アメリカの二大政党のひとつ。一般的に保守主義で、キリスト教の立場をとるとされる。
民主党 アメリカの二大政党のひとつ。一般的にリベラル(自由主義・進歩主義)の立場をとるとされる。

アメリカの首都ワシントンD.C.でおこなわれた、妊娠中絶に反対するデモ。多くの人が、「DEFEND LIFE（生命を守れ）」、「STOP ABORTION（妊娠中絶をやめよう）」などのプラカードをもって集まった。　写真：Abaca USA／アフロ

「生命を守れ」といいながら？

「キリスト教原理主義者」や「宗教保守派」が、近年もっとも力を入れているのが、「妊娠中絶反対」と「同性愛・同性婚反対」の運動だといわれています。

「妊娠中絶」とは、赤ちゃんをみごもった女性が、さまざまな理由から赤ちゃんをうまないことです。

『旧約聖書』には、神が人間に「汝、殺すなかれ」という戒めをあたえたとあります。この教えにしたがい、宗教保守派の人びとは、たとえどんな理由があっても、中絶は、赤ちゃんを殺すことになるといって反対しているのです。

妊娠中絶に関しては、1973年、連邦最高裁判所が、一定の期間内であれば中絶をおこなってよいと認めました。病気など、やむを得ない場合もあるからです。しかし、この判決に対して宗教保守派ははげしく反発し、中絶を禁止する法律をつくろうとして、活発な運動をくり広げました。

1993年3月には、この運動が過熱し、殺人事件までおこりました。フロリダ州の中絶手術をしている医者が、中絶反対派によって殺されたのです。その後も、中絶手術をしている医者や職員が殺される事件があいつぎました。さらに、1998年1月には、アラバマ州で、中絶手術をするクリニックが爆破されるという事件までおこりました。

「汝、殺すなかれ」という教えを守るべきだと主張しながら、そうした事件をおこすといった、矛盾した行為がおこなわれてきたのです。その後も、アメリカ国内で、中絶に反対する人たちと、母体保護のために中絶を認めるべきだとする人たちとで、対立がつづいています。

旧約聖書　キリスト教では、ユダヤ教の経典『聖書（律法）』を『旧約聖書』とよび、『新約聖書』とともにたいせつにしている。

一定の期間内　「妊娠3か月までの中絶を政府が禁じることはできない」、また「母親である女性の命がかかっている場合には、妊娠6か月までの中絶を認める」とした。ただし、「女性の命に別状がない場合には、妊娠24週以降の中絶手術は禁じるべき」とものべている。

PART 1 アメリカ合衆国とキリスト教

「同性婚」に反対する宗教保守派

中 絶問題とならんで、いまアメリカで、はげしく議論されているのが「同性婚」問題です。「同性婚」というのは、女性どうし、または男性どうしが結婚することです。

結婚は、法律的には、役所に婚姻の届けをだして、国にその関係を認めてもらうことです。認められると、おさめる税金の額がへったり、政府から医療保障などを受ける権利が得られたりします。また、ふたりのうちどちらかが亡くなったときや、離婚したときに、それまでのふたりの財産をどうするかなどが、法律にもとづいて解決されることになります。

同性どうしでくらしている人たちのなかには、「同性婚」を社会的に認めてもらうことで、こうした保障や権利を自分たちも得たいという意見があるのです。

2003年、マサチューセッツ州で、同性どうしのカップル7組が、「自分たちの結婚を認めない州の対応は、州の憲法の男女平等の規定に違反する」と訴えました。その後、マサチューセッツ州の最高裁判所は彼らの訴えを認め、「異性間（男性と女性）だけに結婚を認めるのは、男女平等の規定に反する」という判決をくだしました。

この判断によって、アメリカ社会は大きくゆれました。なぜなら、キリスト教の教えでは「神が人間に男と女をつくり、いっしょになって子どもを産み育てると決めた」とされているからです。

結婚は単なる法律的な決めごとではなく、あくまで異性（男性と女性）間の宗教的なもので、同性婚（同性愛）は、キリスト教の教えに反すると考える人が、アメリカには多くいるのです。とくに、宗教保守派の人びとは、同性愛、同性婚に強く反対し、「州が独自に同性婚を認めようというのなら、合衆国憲法で禁止すればよい」と主張し、憲法改正を求める運動をおこしました。

このように、アメリカでは、さまざまな社会問題に対して、聖書に書かれていることだけが正しいと主張する宗教保守派が大きな勢力をもっています。

その後、アメリカ各州の裁判所では同性婚を認める判決があいつぎ、2015年6月には、アメリカ連邦最高裁判所が、同性婚を認める判断を示しました。これによって、全米で同性婚が合法化されたことになります。

写真：AP／アフロ

2015年6月の連邦最高裁判所の判決を記念して、ホワイトハウスが同性愛者のシンボルカラーであるレインボーカラーにライトアップされた。

アメリカでは人口の約4％が同性愛者だといわれます。

科学とキリスト教のかかわり

ここまで、キリスト教がアメリカ社会にいかに大きくかかわっているか見てきました。
今度は、科学技術の発展とキリスト教とのかかわりを紹介しましょう。

進化論はウソだと主張する！？

アメリカのキリスト教原理主義を象徴するエピソードとして、「進化論をめぐる論争」があります。科学が高度に発達した現在、しかもアメリカでおこった議論は、なんともふしぎな感じがするのですが、これがアメリカの宗教社会の現実なのです。さて、その議論とは？

科学の進歩とともに、生物は、原始的な生物から分かれて進化してきたと考えられるようになってきました。人間も例外ではなく、サルと共通の祖先から分かれて進化してきたとされています。

この考え方は「進化論」とよばれ、現在では、科学の常識となっています。ところが、進化論をめぐって、アメリカの南部では、長いあいだ議論がおこなわれているのです。

1925年7月、テネシー州デイトンにあるレイセントラル高校の教師ジョン＝トーマス・スコープスが、生徒たちに進化論について教えたために、逮捕されて裁判にかけられるという事件（スコープス裁判、またはモンキー裁判とよばれる）がおこったのです。なぜ、進化論を教えたことで逮捕されたのでしょうか？

それは、人間をはじめすべての生物は神がつくったものであるというキリスト教の教えがあるため、サルとおなじ祖先から人間が進化してきたとする「進化論」は、その教えに反しているからだというのです。

進化論をとなえた学者のひとりであるチャールズ・ダーウィン（イギリス）を、キリスト教徒が風刺してえがいた絵。ダーウィンの顔をサルのからだにくっつけて、進化論と彼を皮肉っている。

「神がアダムとエバをおつくりになったのであり、人間がサルの仲間から進化したなど、とんでもない！」というのが、原理主義者たちの主張なんだね。

テネシー州議会は、その年の3月、すでに公立学校で「進化論」を教えることを禁止する法律（進化論禁止法）を定めていました。当時、テネシー州のほか、キリスト教原理主義者が多い南部の計13もの州でおなじような法律があいついで成立していたのです。

そうしたなか、法律で禁じられたにもかかわらず進化論を教えたということで、ひとりの教師が有罪になったのです。100ドルの罰金刑でした。ただしその1年後、その判決は、手続きに誤りがあったという理由で破棄されました。しかし、進化論を教えたこと自体が違法であったかどうかについての判断はくだされていません。

テネシー州議会は、スコープス裁判から40年以上たった1967年に、進化論禁止法を廃止しました。しかし、1973年に原理主義者たちは、進化論が「理論」であって「科学的事実」ではないことを教えなければいけないという、新たな法律を成立させることに成功しました。

ところが、1975年、この法律も無効となり、テネシー州では、進化論自体について、その後も法律的な判断はくだされていない状況がつづいています。

スコープ裁判の様子。多くの人がつめよせ、裁判所に入りきらなかったため、屋外にステージがつくられ、裁判が進められた。

『旧約聖書』に書かれた世界のはじまり

『旧約聖書』の創世記によれば、この世界は、神によって6日間でつくられました。

神は、第1日目に天地をつくり、光と闇を分けて昼と夜をつくりました。2日目には空を、3日目に陸と海をつくり、地に草と木を植えました。4日目には太陽と月と星、5日目に水中の生物と、空を飛ぶ鳥をつくりました。そして6日目に地に住む動物たちをつくり、また自分にかたどって人間の男（アダム）と女（エバ）をつくりました。そして、7日目は休みの日としました。

つくられた大地は、豊かな自然にめぐまれ楽園となります。まん中には「善悪の知恵の木」がはえています。

神は、アダムとエバに「この木の実を食べてはいけない」といいますが、エバが、蛇にそそのかされて、実を食べ、アダムにも食べさせてしまいます。そのとたん、ふたりは、善悪の区別や知恵を身につけ、また、はだかでいることを恥ずかしく思いはじめます。

神は、ふたりが約束をやぶったことを知り、この楽園（エデンの園）から追放し、苦難の道を歩むことをふたりに命じました。

これが、キリスト教の教えによる世界のはじまりです。キリスト教原理主義の人たちは、これを根拠に、進化論に反対し、ビッグバン理論（→P31）にも反対しているのです。

キリスト教原理主義の強い影響力

キリスト教原理主義の問題はテネシー州にかぎったものではありません。1970年ごろからキリスト教原理主義の人びとは、『旧約聖書』の記述は真実であるという立場から、神がこの世界を6日でつくったということを「創造科学」とよぶようになりました。そして、アーカンソー州やルイジアナ州で、この「創造科学」を、進化論とともに教えることを定めた法律（授業時間均等化法）をつくることに成功しました。

これに対して、連邦最高裁判所は1980年代に、そのような宗教的なことを公立学校で教えるのは、憲法違反であるという判断を示しました。

しかし、いまでも学校現場で、科学の常識である進化論を教えようとするだけで、キリスト教原理主義者の父母から抗議を受けるおそれがあります。そのため、進化論にふれようとしない教師もいます。

また、生物の教科書のなかには、進化論にふれないか、進化論のあつかいを小さくしているものもあります。教科書をつくる会社が、進化論をのせることによって、教科書をつかってもらえなくなることをおそれているからです。

進化論を認めたローマ法王！

28ページから、アメリカで、プロテスタントのキリスト教原理主義者が中心となって、進化論に反対していることを取りあげました。これに対して、おなじキリスト教でも、ローマ法王を頂点とするカトリック教会は、すでに進化論を認めています。

1950年、当時のローマ法王ピオ12世（在位1939～1958年）は、重要な文書のなかで、進化論は「重要な仮説」であり、研究する価値があるものだと認めました。ただし、人間の精神（心）は、神がつくったものであるとしました。

1996年、元法王ヨハネ・パウロ2世（在位1978～2005年）は、教皇庁科学アカデミーにあてた文書で、「ピオ12世の文書がだされてから50年以上がすぎ、あらたな知識がわたしたちに、進化論を単なる仮説以上のものであることを認めさせるようになった」とのべました。しかし、「肉体は進化によってつくられたが、わたしたちの精神は神がつくってくださったものである。精神は進化論とは関係なく、矛盾しない」ということもつけくわえました。この発言は、世界中で大きな議論をよびました。

進化論を認めた、故ヨハネ・パウロ2世（左）。

憲法違反 アーカンソー州では1982年に、ルイジアナ州では1987年に違憲判決がだされた。

教科書 アメリカでは、いろいろな出版社が教科書をつくり、それぞれの州の教育委員会や学校が、どの教科書を採用するか決める。スコープス裁判（→P28）の前までは、生物の教科書には進化論についての記述があった。

教皇庁科学アカデミー 1603年にヴァチカン市国に創立された機関。自然科学にかかわる問題について、ローマ法王が公式に発表するさい、アカデミーの会員たちの議論を参考にする。

PART 1 アメリカ合衆国とキリスト教

宇宙は「ビッグバン」によって生まれた、とされている。
©NASA

ビッグバンも「神の一撃」?

アメリカでは、宇宙の誕生をめぐる理論についても、キリスト教の万物創世の考え方（神が最初に世界のすべてをつくったという考え方）が影響しています。それは、進化論の問題とおなじく、世界の科学技術の分野で、つねに世界の先頭にたっているアメリカのこととしては、たいへんふしぎなことだといえるでしょう。

宇宙は、高温の火の玉の大爆発（ビッグバン）によって生まれたという説が、ロシア生まれのアメリカ人物理学者ガモフによって、1946年に発表されました。これは「ビッグバン理論」とよばれ、その後の研究で、この説をうらづけるいくつかの証拠が発見されました。そして、アメリカのNASA（アメリカ航空宇宙局）が2001年にうちあげた人工衛星の調査によって、ビッグバンは138億年前におこったことがわかりました。

ビッグバン理論では、「ビッグバン」によって、ヘリウムガスなどさまざまな成分が生まれ、それらが化学変化をくりかえしているうちに、宇宙がつくりだされ、生命も生まれたとされています。

ところが、アメリカの科学者たちのなかには、ビッグバンがおきた最初のきっかけがなんだったのかということについては、「神の一撃があったにちがいない」という人がいるのです。

科学者は、科学的な証拠が得られないことには否定的になるのがふつうです。ところが、「ビッグバン」という科学的な理論のなかに、「神の一撃」といった宗教的な考えを組みいれる科学者が、アメリカにはたくさんいるといわれています。

PART 2 キリスト教以外の宗教とアメリカ

アメリカとユダヤ教

つぎは、アメリカにおけるキリスト教以外の宗教について見てみましょう。まずは、アメリカ社会に根づいているユダヤ教についてです。

アメリカ経済をささえるユダヤ人

20世紀に入ると、アメリカにはユダヤ教やイスラム教などを信じる人びとがふえ、彼らも、キリスト教徒とは別にアメリカ社会に大きな影響をおよぼすようになりました。

ユダヤ教は、この世界をつくった全智全能の神ヤハウェを信じ、また、この神こそがユダヤの民を選んで救ってくれる（選民思想とよばれる）と信じる宗教です。

一般に、ある地域に住んでいるおなじ人種・民族の人びとが○○人とよばれますが、ユダヤ人の場合は特別で、ユダヤ教を信じる人びとが「ユダヤ人」とよばれています。

現在、アメリカには約650万人のユダヤ人（ユダヤ教徒）がいるといわれています。つまり、アメリカの人口の約2.0％は、ユダヤ教を信じるアメリカ人ということになります。

アメリカの経済誌「フォーブス」は、毎年、アメリカ大富豪の上位400位を発表しています。

ユダヤ教徒たちは、「シナゴーグ」とよばれる会堂でお祈りや集会をおこなう。写真は、ニューヨークにあるシナゴーグ。

PART 2 キリスト教以外の宗教とアメリカ

　近年、掲載される人びとのうち、23％〜26％がユダヤ系移民です。なんと全人口の2.5％のユダヤ人が、平均すると、毎年上位400位までに約100人も入っていることになります。これは、人口では少数派のユダヤ人が、アメリカの経済に大きく影響をあたえていることを意味しているのです。

　こうしたユダヤ人も、ほかの移民たちとおなじように、かつてアメリカにわたってきた人たちですが、ユダヤ人は、なぜアメリカ社会で成功をとげたのでしょうか？

フェイスブック創業者のマーク・ザッカーバーグを表紙にした「フォーブスジャパン」。(2016年7月号)。

発行：アトミックスメディア

ユダヤ人に対する迫害の歴史

現　在アメリカにいる<u>ユダヤ人</u>たちのほとんどは、19世紀後半から20世紀はじめにかけて、東ヨーロッパからうつってきた人たちと、その子孫です。

　彼らはキリスト教徒たちによる迫害からのがれて、アメリカにわたってきました。

　かつてヨーロッパでは、ユダヤ人は「<u>イエス・キリスト</u>を十字架にかけた民族」として迫害されていたのです。その最悪のできごとが、第二次世界大戦中の<u>ナチス・ドイツ</u>によるユダヤ人大虐殺です。1930年代には、ナチスからのがれ、多くのユダヤ人がアメリカにわたりました。

ニューヨークの裁判所前にて、強制収容所で入れ墨をされた番号を示すユダヤ人男性。ユダヤ人大虐殺の犠牲者の遺族らは、ナチス・ドイツに奪われるのをさけて、犠牲者がスイスの銀行にあずけた資産の返還を求めて訴えた。

ユダヤ人　ユダヤ人は昔、現在のエルサレムがある地に王国をもっていたが、紀元70年にローマ帝国にほろぼされた。そのため、ユダヤ人は世界中にちらばって住むようになった。

イエス・キリスト　イエスは、ユダヤ教への批判をおこなったとみなされ、紀元30年ごろ、十字架にかけられ、処刑された。

ナチス・ドイツ　1933年〜1945年に、アドルフ・ヒトラーが国家社会主義ドイツ労働者党（ナチス）をひきいて、独裁体制をしいたドイツのこと。ナチスによって約600万人のユダヤ人が虐殺されたとされている。1945年の敗戦によって、ナチスは崩壊した。

アメリカに浸透したユダヤ人

アメリカでも、ユダヤ人に対する差別はありましたが、ユダヤ人の社会進出をさまたげるほどではありませんでした。

ユダヤ人たちは、アメリカで受けいれられるよう、懸命に働きました。当初はほかのアメリカ人がやりたがらない産業廃棄物の処理などの仕事や、小売店や衣料品産業など、当時、アメリカ社会で下に見られていた仕事からはじめました。キリスト教社会では、伝統的によく思われていなかった金融業（金貸し）などをする人も多くいました。そうして成功したユダヤ人は、大手スーパーマーケットなどの大型小売業や、銀行業で財産をきずいていきました。

第二次世界大戦後には、しだいにユダヤ人に対する差別も少なくなり、彼らは、さまざまな職業に進出していきました。いまでは、法律、医療、学問、芸術などの分野で活躍するユダヤ人もたくさんいます。

著名なユダヤ系アメリカ人*

■ **コンピュータ関連**

マイケル・デル（デルコンピューター創業者）
アンドリュー・グローブ（インテル創業者のひとり）
ビル・ゲイツ（マイクロソフト創業者）
スティーブ・ジョブズ（アップルコンピュータ共同設立者のひとり）
マーク・ザッカーバーグ（フェイスブック創業者）
　　　　　　　　　　　　　　　　　　　　　　　　など

■ **衣服関連**

ドナルド・フィッシャー（ギャップ創業者）
リーバイ・ストラウス（リーバイス創業者）
ラルフ・ローレン（ポロ・ラルフ・ローレン創業者）
カルバン・クライン（カルバン・クライン創業者）
　　　　　　　　　　　　　　　　　　　　　　　　など

■ **飲食業関連**

ウィリアム・ローゼンバーグ（ダンキン・ドーナツ創業者）
ハワード・シュルツ（スターバックス会長）
　　　　　　　　　　　　　　　　　　　　　　　　など

■ **玩具・娯楽産業関連**

ルース・ハンドラー（バービー人形の生みの親）
チャールズ・ラザラス（トイザらス創業者）
　　　　　　　　　　　　　　　　　　　　　　　　など

ビル・ゲイツ。コンピュータビジネスで成功し、世界一の資産家でもある。

人気ファッションブランドをつくりあげたデザイナー、ラルフ・ローレン。

*本人の代でアメリカにわたってきた人や、先代、先せん代でわたってきた人などさまざまである。

PART 2 キリスト教以外の宗教とアメリカ

■**新聞・雑誌関連**

アーサー・ザルツバーガー（新聞「ニューヨーク・タイムズ」を所有）

キャサリン・グラハム（「ワシントン・ポスト」「ニューズウィーク」などを所有）

ヘンリー・ルース（雑誌『タイム』『ライフ』を創刊）

ピーター・カーン（「ウォールストリート・ジャーナル」を所有）

　　　　　　　　　　　　　　　　　　　　　　　　　　　など

■**映画産業**

ウィリアム・フォックス（20世紀FOX創業者）

アドルフ・ズーカー（パラマウント社創業者）

カール・レムリ（ユニバーサル映画創業者）

　　　　　　　　　　　　　　　　　　　　　　　　　　　など

■**映画監督**

スティーブン・スピルバーグ、スタンリー・キューブリック、ウディ・アレン

　　　　　　　　　　　　　　　　　　　　　　　　　　　など多数

■**俳優**

チャールズ・チャップリン、ポール・ニューマン、エリザベス・テーラー、ダスティン・ホフマン、ハリソン・フォード、メリル・ストリープ、ウィノナ・ライダー、ナタリー・ポートマン

　　　　　　　　　　　　　　　　　　　　　　　　　　　など多数

■**音楽**

ボブ・ディラン、ポール・サイモン

　　　　　　　　　　　　　　　　　　　　　　　　　　　など

■**マンガ家**

スタン・リー（『スパイダーマン』）

ボブ・ケイン（『バットマン』）

　　　　　　　　　　　　　　　　　　　　　　　　　　　など

■**写真家**

ロバート・キャパ、マン・レイ

　　　　　　　　　　　　　　　　　　　　　　　　　　　など

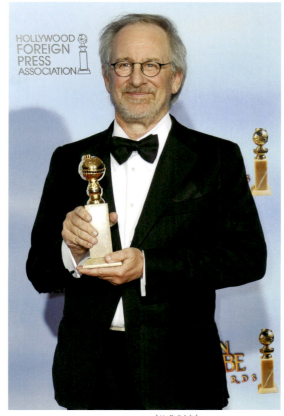

スティーブン・スピルバーグ。映画監督として、たくさんのヒット作品を生みだしてきた。

世界中で人気のあるミュージシャン、ボブ・ディラン。

1948年、建国会議で独立宣言を発表する、イスラエル初代首相ベングリオン。

イスラエルに対するアメリカの支援

ア メリカにくらすユダヤ人の多くは、世界唯一のユダヤ人国家、イスラエルを支援しているといわれています。さて、どういうことでしょうか？

アメリカ社会に根づいていったユダヤ人たちは、しだいに経済的、社会的な地位を高めていきました。どんなに成功しても、彼らはユダヤ人であることをほこりに思い、自分の宗教をたいせつにしてきました。

ユダヤ教の経典『聖書（律法）』には、神はユダヤ民族の祖先アブラハムに対して、「カナンの地（現在のパレスチナ）をあたえる」と約束したと書かれています。

実際にユダヤ人たちは、いまからおよそ3000年前、この地に王国をたてて繁栄していました。ところが、紀元70年、この王国はローマ帝国にほろぼされてしまいました。ユダヤ人は土地を追われ、世界中にちらばって住むようになりました。「国をもたない民族」となったのです。

ユダヤ人たちは、ちらばった先で迫害を受け、さまざまな苦難に直面してきました。そして、しだいに「自分たちの国をつくらないかぎり、生きていくことはできない」と考えるユダヤ人がふえていきました。

19世紀後半になると、ユダヤ人たちのあいだに「エルサレムにあるシオンの丘にもどり、自分たちの国をつくろう」という運動、「シオニズム運動」がおこりました。その後、この運動がもりあがり、ついに、1948年、ユダヤ人

PART 2　キリスト教以外の宗教とアメリカ

国家イスラエルがつくられました。

しかし、イスラエルが建国されるころには、多くのイスラム教徒（パレスチナ人とよばれる）が「カナンの地」であるパレスチナに住んでいました。そのため、パレスチナの土地をめぐり、ユダヤ教徒とイスラム教徒の対立が生じ、現在までつづいています。

アメリカのユダヤ人にとって、イスラエルは、同胞（おなじ仲間）が念願をかなえて建国した国です。そのため、アメリカにいながらも、イスラエルを支援しようとするユダヤ人がたくさんいるのです。しかも、彼らのなかには、政治や経済面でアメリカを動かすほどの強い影響力をもつ人もいるといわれています。

アメリカがイスラエルを支援しているといわれる例として、アメリカの国際連合（国連）での、「拒否権」のつかい方があげられます。

国連は、世界の平和と安全を守るために、1945年に世界各国が協力して結成した国際機関です。国連のなかには、いろいろな機関があります。そのなかで、世界の平和を維持するために会議をおこなうところが、安全保障理事会（安保理）です。安保理は、15の理事国からなり、そのうちのアメリカ、イギリス、フランス、中国、ロシアの5か国は常任理事国で、そのほかの10の理事国は、非常任理事国といって、2年ごとに国連加盟国のなかから選ばれることになっています。

安保理の意見（決議）は、投票で決められます。15の理事国のうち、少なくとも9の理事国の賛成がなければ、決議（決定）できないことになっています。しかし、5つの常任理事国のうち1か国でも反対すれば「否決」されます。これは「拒否権」とよばれ、常任理事国だけに認められている権利です。常任理事国のような大きな国が、一致して国際問題に取りくまなければ、世界の平和を守ることはできないという考え方によるものです。

安保理決議に関して、これまでアメリカは、イスラエルに不利なことが決められそうになったときに、拒否権を多く使用してきました。1980年から2002年の決議のうち、アメリカが拒否権をつかったために決議されなかったことが55回ありましたが、そのうちの29回が、イスラエルに関する決議だったのです。

エルサレムの旧市街のようす。イスラエルでは町中に監視カメラが設置されている。これはイスラエルを国家として認めない勢力によるテロなどを警戒しているためだ。

アメリカとイスラム教

今度は、アメリカのイスラム教について見てみましょう。
キリスト教徒が多数をしめるアメリカ社会でも、
イスラム教徒はふえつづけています。

イスラム教徒たち

現在、アメリカにいるイスラム教徒は、350万人とも500万人ともいわれています。おもに中東などからわたってきた移民と、キリスト教から改宗した人びとです。

中東からの移民は、1948年から**中東でつづく戦争**をのがれてやってきた人や、アメリカの豊かな生活にあこがれてきた人たちです。

この人びとは、ニューヨークやシカゴなどの大都市に多く住んでいます。住んでいる町にモスク（イスラム教の礼拝所）をたて、自分たちの宗教を守ってくらしています。

一方、ほかの宗教から改宗した人びとの多くは、アメリカで人種差別を受けてきた黒人たちです。

黒人たちは、17世紀以降、白人たちから差別を受けつづけてきました。いまでも、差別は完全になくなったとはいえません。

そうした差別のなかで、もともとキリスト教徒だった黒人たちが、キリスト教に対して疑問をもつようになったのです。キリスト教は、すべての人は、神のもとで平等であると教えているのに、自分たちはなぜ差別されるのか？　そうなやむ黒人たちが、アメリカにはたくさんいるのです。

ニューヨークにあるモスクで礼拝をする、アフガニスタン系アメリカ人の男性。

奴隷の祖先をもつ黒人たち

アメリカの黒人たちの祖先は、アフリカから奴隷としてつれてこられた人たちです。彼らは、17世紀以降、アフリカからアメリカにつれてこられ、おもに南部の農場で働かされました。

その後、1863年に奴隷制度は廃止され、20世紀になると、少しずつ差別は解消にむかいました。しかし、白人たちの黒人に対する差別はなくなりませんでした。いまだに、多くの黒人が差別を感じているといわれています。

中東でつづく戦争　イスラエルの建国に反対して、周辺のアラブ諸国がイスラエルを攻撃したことによりはじまった。くわしくは「イスラム教」の巻参照。

PART 2　キリスト教以外の宗教とアメリカ

黒人社会へ広まったイスラム教

1 1930年代になると、アメリカ社会への不満や、キリスト教への疑問をもった黒人たちのあいだに、イスラム教が急激に広まりました。彼らは、イスラム教こそが、自分たちを救ってくれる宗教だと思いはじめたのです。

黒人の代表的なイスラム教団に、「ネイション・オブ・イスラム」（→右コラム）があります。1995年10月16日には、この教団が首都ワシントンD.C.で大集会をひらき、アメリカ全土から黒人男性が100万人も集まりました（警察発表は40万人）。

この団体の指導者ルイス・ファラカンは、反ユダヤ人、反白人を主張する過激な黒人イスラム教徒です。この組織がこれだけの人数を集める団体になったことと、アメリカの黒人社会のなかで差別に反対する運動とイスラム教がむすびついたことに、多くの人びとがおどろかされました。

なお、この運動は、いまでは、アメリカ社会でさらに大きな勢力となっているといわれています。

ネイション・オブ・イスラム

「ネイション・オブ・イスラム」（「イスラム国家」の意味）とは、1930年ごろ、アメリカのデトロイトでウォーレス・ファードがはじめた教団です。

本来のイスラム教は、「すべての人間は神の前で平等」と説いているのに対して、この教団は、白人をにくみ、黒人と白人はまったく別にくらしていくべきだと主張しているのです。

ファードは、1934年に消息をたち、弟子のイライジャ・ムハンマドが跡をつぎました。その後、1952年にマルコムX（→P40）がくわわると、大きな組織へと発展していきました。1975年、イライジャ・ムハンマドの死後、組織は解体状態となりますが、1978年、ルイス・ファラカンが組織をたてなおし、現在にいたっています。

1995年のネイション・オブ・イスラムの大集会。左のスクリーンにうつっているのが、指導者のルイス・ファラカン（1933年生まれ）。

写真：ロイター／アフロ

黒人男性　男性優位の思想から、この集会には、たとえ黒人でも、女性の参加は認められなかった。

ルイス・ファラカン　ファラカンは、政府に対して「奴隷制で黒人におかした罪をつぐなえ」とデモをおこしたり、ユダヤ教を「汚れた宗教」と発言し、ヒトラーを賞賛したりしたこともあり、危険視されている。

マルコムXとキング牧師

マルコムXとキング牧師は、それぞれが信じる宗教の教えをもとに黒人解放運動をおこないました。

イスラム教組織をみちびいたマルコムX

マルコムX

マルコムXと「ネイション・オブ・イスラム」

マルコムXは、黒人解放運動の指導者です。本名をマルコム・リトルといいます。

マルコムの父親はキリスト教の牧師でしたが、彼が6歳のときに亡くなり、家が貧しくなりました。その後、マルコムは盗みをくりかえし、20歳のときには強盗で逮捕され、7年間の刑務所生活をおくりました。しかし、そのあいだにイスラム教団「ネイション・オブ・イスラム」(→P39)を知り、人生の転機をむかえます。

1952年8月に刑務所をでると、彼はこの教団にくわわり、「マルコムX」と名のるようになりました。そして、教団の伝道師となり、多くの演説をおこないました。

「白人は悪魔だ」といってはげしく白人を批判するマルコムXは、差別に苦しむ多くの貧しい黒人の心をとらえました。彼の人気により教団自体も急成長し、1960年には4万人もの信者をもつ大組織となりました。しかし、1963年、教団内で仲間割れがおきたため、彼は、教団に不信をいだくようになりました。

本場のイスラム教によって変わったマルコム

1964年、マルコムXはイスラム教の聖地メッカをおとずれました。そして、このことが彼の考え方を変えました。

メッカでは世界中からさまざまな人種のイスラム教徒が集まって、おなじ儀式に参加します。彼は、それまで黒人と白人とは、けっしてわかりあうことができないと思っていました。けれども、メッカでイスラム教の「すべての人びとは神の前に平等」という教えを実感したことで、ことなる人種でもわかりあうことができると信じるようになったのです。

その後のマルコムXの主張は、白人を敵視するものではなくなりました。また、キング牧師の非暴力抵抗運動(→右ページ)にも興味を示すようになりました。

しかし彼は、1965年2月、ニューヨークで演説中に暗殺されてしまいます。39歳でした。教団をはなれたにもかかわらずめだつ存在となり、さらに白人に歩みよったため、それをよく思わない「ネイション・オブ・イスラム」のメンバーに銃撃されたのです。

マルコムの父親 黒人解放をうったえる運動をしていた。死因は「列車事故」とも、白人グループによる殺害ともいわれている。

マルコムX 教団は信者たちに「X」という姓をあたえていた。白人たちは、黒人たちをアフリカからつれてきたときに、もとの姓をすてさせ、かってにアメリカ風の姓をつけた。そのため、教団では白人につけられた姓のかわりに、「X」をつかうようにした。

キリスト教精神をつらぬいたキング牧師

モントゴメリーのバス事件

マルコムXとおなじ時期に、キリスト教の教えをもとに、黒人たちの解放運動を指揮した牧師がいました。マーティン＝ルーサー・キングです。

1955年12月、アラバマ州モントゴメリーで、**黒人女性がバスで白人に席をゆずらなかっただけで逮捕される事件**がおこりました。これをきっかけに、モントゴメリーの黒人たちがたちあがりました。

黒人たちは、人種差別に抗議するために**バスの乗車拒否運動**をはじめました。この運動の先頭にたったのが、事件の直前に牧師として町の教会にきたばかりの、26歳のキングでした。

この運動に、モントゴメリーの黒人全員が参加しました。彼らは、大声で抗議するわけでも、暴動をおこすわけでもなく、ただバスに乗らない運動をつづけたのです。その一方で、キング牧師たちは、バス会社の人種差別は憲法に違反すると、連邦裁判所にうったえていました。

この運動は、1年もつづきましたが、1956年11月、連邦裁判所が、キング牧師たちの訴えを認め、バス会社に人種差別を禁止するように求めたことで、黒人たちの勝利に終わりました。

キリスト教精神から生まれた「非暴力」

その後、キング牧師は、しだいに**黒人公民権運動**の全国的な指導者になっていきました。彼の運動は、暴力にうったえることなく、不平等なことにしたがわない意志を示すものでした。彼自身も何度も逮捕され、命をねらわれました。それでも、「自分を迫害する者をも愛せよ」というキリストの教えにしたがいました。その結果、アメリカ南部の各地で、黒人たちや、この運動に感動した白人たちが運動に参加しました。

キング牧師は、非暴力の取りくみを評価され、1964年にはノーベル平和賞を授与されました。しかし、彼も、1968年4月、39歳のときに、テネシー州メンフィスで、白人によって暗殺されてしまいました。その後、人種差別の状況はすぐには変わらないものの、キング牧師の「非暴力」の姿勢に多くの人が心を動かされて、黒人差別は少しずつなくなってきています。

アメリカでは、人種差別と戦った英雄として、マルコムXとキング牧師の名が、いまでも語りつがれています。

キング牧師

黒人女性がバスで白人に席をゆずらなかっただけで逮捕される事件 当時、アラバマ州のバスは、前部の白人用座席が満席になると、後部の黒人用の座席も白人にゆずる決まりになっていた。この日も、白人の座る席が満席になったため、バスの運転手が、4人の黒人乗客に対して席をゆずるように命令した。3人の黒人乗客はしたがったが、つかれていたローザ・パークスはゆずらず、逮捕された。

バスの乗車拒否運動 バスのかわりに、自動車をもっている人たちが協力したり、黒人教会がバスを用意したりした。

黒人公民権運動 キング牧師を中心におこなわれた運動は、黒人解放運動のなかでも、アメリカ国民として法律上の平等な地位を得ることを目的としていたのでこうよばれる。

PART 3 アメリカ社会と宗教のこれから

宗教のちがいを尊重しようとするアメリカ

さまざまな宗教を信じる人びとが、いっしょに住んでいるアメリカ。共存するために、どのような工夫がなされているのでしょうか？

さまざまな宗教への配慮

Part 1で見てきたように、アメリカではキリスト教が重要だとみなされてきました。けれども、近年は、キリスト教以外の宗教を信じる人びとへの意識が高まり、宗教のちがいを尊重しようという風潮になってきています。ここではその具体例をいくつか見てみましょう。

■「Happy Holiday！」

アメリカでは、だいたい12月の下旬から新年にかけて、「クリスマス休暇」があります。以前は、クリスマス休暇に入る前や、クリスマスの日には「Merry Christmas！」というあいさつが多くかわされていました。

けれども、最近は、この「メリークリスマス」といういい方はされなくなってきています。なぜなら、クリスマスはイエス・キリストの誕生日を祝う、キリスト教徒のお祭りだからです。

近年では、あいさつする相手の宗教がキリスト教以外でも、不快感をあたえないように、「Happy Holiday！」といったり、「Seasonal Greetings」（季節のあいさつ）というカードをおくったりするようになっています。

アメリカでは、クリスマスの時期にカードを交換しあう習慣がある。写真はどちらも、キリスト教徒でない人用につくられたカード。特定の宗教を連想させるような絵はえがかれていない。
©FSG Crest LLC

クリスマス　「クリスマス（Christmas）」は、「キリスト（Christ）」と「礼拝（mas）」が組みあわされた言葉とされる。

PART 3 アメリカ社会と宗教のこれから

■ユダヤ教徒やイスラム教徒用のマーク

　食べ物についても宗教のちがいが配慮されるようになってきました。

　ニューヨークには、ユダヤ教徒が大勢住んでいます。そのため、ニューヨークの喫茶店では、ユダヤ教徒用のメニューが用意されることがあります。ユダヤ教のお祭りのときなどに、「ユダヤ教徒用」とわかるシールをつけたサンドウィッチなどが発売されるのです。

　また、イスラム教徒の多い地域では、料理店で「ハラルマーク」というマークが見られます。イスラム教徒は宗教上の理由で、豚肉や、血抜きが完全になされていない肉類、またアルコール類を口にしてはいけません。ですから、イスラム教徒が安心して食べられる、豚をつかっていないものなどに、このマークをつけているのです。

イスラム教徒にとって安全な食べ物であることを示すハラルマーク。写真はイスラム教徒の多いマレーシアのもの。マークだけでなく、ローマ字でも「Halal」と書かれている。

ニューヨーク州の食品や飲料、台所用品には、⑪や⑪のマークがついている。どちらもユダヤ教徒のためのもので、ユダヤ教の食に関する戒律（決まり）「コーシャー（Kocher）」にそってつくられたものであることをあらわす。

肉と乳製品をいっしょにとってはならないなど、ユダヤ教には、食についての決まりごとがたくさんあります。

43

9.11テロ後のアメリカと宗教のうつりかわり

2001年9月の「9.11アメリカ同時多発テロ事件」のあと、
アメリカ国内の宗教にかかわることでは、
どのような変化があったのでしょうか。

写真：ロイターアフロ

旅客機が衝突し、煙をはく世界貿易センタービル。

アメリカ同時多発テロ事件とは？

2001年9月11日早朝、アメリカで4機の旅客機がハイジャックされ、そのうちの2機がニューヨークの世界貿易センタービルに、1機はワシントンのアメリカ国防総省（ペンタゴン）に衝突。さらにもう1機はワシントンの連邦議会にむかいましたが、機内で乗客が抵抗し、ペンシルベニア州に墜落しました。

これが「9.11アメリカ同時多発テロ（9.11ナイン・イレブン）」とよばれる、史上最大の自爆テロ事件で、日本人をふくむおよそ3000人が亡くなりました。

この事件の直後、FBI（アメリカ連邦捜査局）が調査に乗りだし、この事件が、**イスラム原理主義**過激派の国際テロ組織**「アルカイダ」による犯行**と断定しました。

イスラム原理主義　「本来のイスラム教にもとづいた生活をしよう」という考え方。この運動をおこなううえで、武力をつかって理想を実現させようと考える人びとが「過激派」とよばれる。

「アルカイダ」による犯行　「アルカイダ」の指導者ウサマ・ビンラディンがアフガニスタンに身をかくしていることをつきとめたアメリカは、アフガニスタン政府に、ビンラディンの身柄を引きわたすことを要求。しかし、当時アフガニスタンの実権をにぎっていた組織がこれを拒否したため、アメリカはアフガニスタンを空爆した。2011年5月に、アメリカがパキスタンでおこなった軍事作戦で、ビンラディンの殺害が確認された。

PART 3　アメリカ社会と宗教のこれから

イスラム教との対立

9.11のテロ事件のあと、ジョージ・ブッシュ大統領は、イラクがテロ組織「アルカイダ」を支援しているとして、サダム・フセイン政権（当時）に対し強硬姿勢を取るようになりました。2003年には、イラクが核兵器、化学兵器、生物兵器などの大量破壊兵器をかくしもっているとして、アメリカはイギリスなどとともに、イラクを攻撃しました。しかし、大量破壊兵器は見つかりませんでした。これらの動きをつうじて、テロ事件をおこしたイスラム原理主義過激派だけでなく、イスラム教全体がアメリカ、さらにはキリスト教と対立しているような印象をあたえました。

写真：ロイター／アフロ

2003年にイラクで軍事行動をおこなうアメリカ軍兵士。

イスラム教とキリスト教、たがいの「ヘイト」

当時アメリカ国内では、罪のないイスラム教徒に市民が暴力をふるうという事件が多くおこりました。イスラム教を信じている、またはイスラム教を信じていそうに見えるというだけで、アラブ系アメリカ人などに暴力がふるわれたのです。

このように、人種や民族、宗教などを理由に差別し、暴行などをくわえたりする犯罪を、「ヘイトクライム（憎悪犯罪）」といいます。ヘイトクライムはそれ以前から、イスラム教徒に対してだけでなく、ほかの宗教を信じる人びとや黒人に対して発生していましたが、9.11を機に、アラブ系の人びとやイスラム教徒に対して一気にふえてしまいました。2000年ごろまでのヘイトクライム件数は年間30件ほどでしたが、2001年は一気に500件近くの件数が記録されています。

その後も、アメリカ国民がイスラム教に対して恐れをいだいたり、排斥しようとする動きはつづき、一方で、イスラム教過激派に同調した人たちによる銃撃事件などが発生しました。

2016年の大統領選挙で共和党の指名候補となったドナルド・トランプ氏は、選挙運動のあいだ、イスラム教徒の全面入国禁止などをうったえて、キリスト教を基本とする多くの国民の支持をえました。

イスラム教徒に対して、過激な発言をくりかえすトランプ氏。

全巻さくいん

仏 仏教　イ イスラム教　キ キリスト教　ア アメリカの宗教

あ行

アーミッシュ　ア22
ＩＳ　イ3, 42, 43
アイルランド（系）　ア16, 21
アジア　仏3, 9, 17, 24, 36, 40, イ22, キ6, 32, 34, 35, 36, 38, 39, 41, ア15
アダムとエバ　イ12, キ10, 14, ア28, 29
アッラー　イ6, 12, 14, 16, 18, 22, 32, 41, キ13
アフガニスタン　仏34, イ25, ア44
アブラハム　イ23, 38, キ14, ア36
アフリカ　キ32, 40, ア38, 40
アメリカ　イ30, 33, 37, 40, 43, 44, キ29, 32, 35, 37, 38, 41, ア2, 3, 6, 7, 8, 9, 10, 11, 12, 13, 14, 15, 16, 18, 19, 20, 21, 22, 23, 24, 25, 26, 27, 28, 30, 31, 32, 33, 34, 36, 37, 38, 39, 41, 42, 44, 45
アラビア語　イ6, 8, 10, 18, 23, キ17
アラビア文字　イ10, 20, 26, 31
アラブ人　イ34, 35, 36, キ16
アルカイダ　ア44, 45
イエス（・キリスト）　イ12, 15, 20, 23, 35, 39, キ6, 7, 8, 9, 10, 12, 15, 16, 18, 20, 21, 22, 23, 26, ア9, 13, 14, 20, 22, 23, 25, 33, 42
イエズス会　キ33, 34, 35, 36, 37
イギリス　仏36, イ30, 33, 35, 43, キ27, 28, 29, 34, 40, 41, ア8, 9, 10, 16, 20, 37, 45
イギリス国教会　キ28, 41, ア9, 10, 20, 24
イスラエル　イ33, 34, 36, 37, キ6, 11, 14, 16, 17, ア36, 37, 38
イスラム教　仏18, 19, 21, 35, 37, 38, 40, 41, 42, 43, イ2, 3, 6, 8, 9, 10, 12, 14, 15, 16, 17, 18, 20, 22, 23, 24, 25, 26, 27, 28, 29, 30, 31, 32, 33, 36, 38, 39, 40, 41, 42, 44, 45, キ12, 13, 16, 24, 34, 40, ア14, 15, 32, 38, 39, 40, 44, 45
イスラム教徒　イ3, 6, 9, 10, 11, 13, 14, 16, 17, 20, 24, 25, 26, 28, 29, 31, 32, 33, 34, 35, 36, 39, 40, 41, 44, キ16, 25, 32, 34, 40, ア14, 37, 38, 43, 45
イスラム原理主義　イ40, 41, ア44, 45
イスラム国　イ3, 42
イスラム法学者　イ30, 32
イタリア　キ22, 32, ア20
一神教　仏42, イ25, ア15
一夫多妻　ア23
イマーム（指導者）　イ21
イラク　イ25, 26, 28, 36, 42, 43, キ17, ア45
イラン　イ25, 26, 28, 30, 37
岩のドーム　イ39
インド　仏3, 6, 7, 8, 9, 11, 12, 16, 18, 20, 21, 23, 24, 25, 26, 27, 30, 32, 33, 34, 35, 36, 40, 43, イ25, 31, キ33, 34, ア6
インドネシア　仏40, 41, イ18, 25, 31, 32, キ33, 34
ヴァチカン市国　ア30
エルサレム　イ26, 35, 36, 37, 38, 39, キ14, 16, 22, 24, 25, ア33, 36
オーストラリア　キ41
お経　仏10, 14, 24, 25, 26, 27, 29, 30, 33, 36
オスマン帝国　イ27, 31, 35, 45, キ30, 31
オランダ　仏41, キ34, 38

か行

カースト制度　仏11, 20, 21, イ25
カーバ神殿　イ3, 17
改宗　仏21, イ9, 24, 33, キ38
戒律　仏13, 29, イ14, 18, 33
カトリック　仏35, キ3, 8, 19, 20, 21, 22, 27, 28, 30, 31, 33, 34, 35, 36, 37, 39, 40, 41, 43, ア7, 10, 16, 20, 21
カトリック教会　キ18, 23, 27, 28, 30, 33, ア9, 30
カナンの地　イ34, 35, キ11, 14, ア36, 37
カルヴァン　キ27, ア20
感謝祭　ア13
カンボジア　仏36, 39, 40
喜捨（寄付）　イ14, 17
救世主　イ12, キ6, 7, 12, ア14
9.11アメリカ同時多発テロ　イ40, ア3, 44
旧約聖書　イ22, 23, 39, キ10, 11, 12, 13, 17, ア9, 15, 26, 29, 30
教会　仏44, イ20, 39, キ3, 11, 20, 21, 22, 23, 28, 30, 31, 35, 43, 44, 45, ア12, 17, 20, 21, 22, 41
経典　仏10, 20, 28, 29, 44, イ9, 14, 15, 22, 34, 35, キ7, 12, 13, 17, 30, ア9, 15, 23, 26, 36
キリスト教　仏18, 19, 21, 29, 37, 42, 43, 45, イ2, 12, 15, 19, 20, 22, 23, 24, 26, 31, 33, 36, 38, キ2, 3, 6, 7, 10, 11, 12, 13, 14, 15, 16, 18, 19, 20, 21, 22, 23, 24, 25, 26, 27, 30, 31, 32, 33, 34, 35, 36, 37, 38, 39, 40, 41, 42, 43, 44, 45, ア3, 7, 8, 9, 10, 11, 12, 14, 15, 16, 17, 18, 20, 21, 22, 23, 24, 25, 26, 27, 28, 29, 30, 31, 38, 39, 40, 41, 42, 45
キリスト教原理主義者　ア19, 24, 26, 29, 30
キリスト教徒　仏29, 35, イ22, 24, 26, 33, 35, 39, 40, キ3, 6, 13, 16, 21, 23, 24, 25, 31, 33, 35, 37, 38, 41, 42, 43, ア7, 8, 11, 12, 14, 15, 17, 18, 19, 21, 25, 32, 33, 38, 42
キング牧師　ア40, 41
クウェーカー教徒　ア10

クウェート　イ32
偶像崇拝　イ8, 14, 19, 28
クリスマス　キ18, 19, ア13, 42
解脱　仏17, 18, 19, 25
結婚　仏7, 20, 35, イ7, 13, キ19, 28, ア21, 27
還俗　仏35, 37, 38
コーラン　イ9, 10, 11, 12, 13, 14, 15, 18, 19, 21, 22, 23, 24, 28, 29, 30, 41, キ13, ア15
国際連合（国連）　イ35, 36, キ16, ア37
黒人　イ33, ア6, 38, 39, 40, 41, 45
黒人解放運動　ア40
極楽浄土　仏19, 29
国教　イ31, 44, キ23, ア10, 11, 14, 20

さ行

最後の審判　仏19, 43, イ12, 13, 15, キ11
最後の晩餐　キ20
サウジアラビア　イ3, 6, 7, 29, 32, キ17
さとり　仏6, 9, 10, 11, 13, 17, 18, 22, 32
サンスクリット語（梵語）　仏6, 24, 30
サンタクロース　キ19
シーア派　イ28
シオニズム運動　イ35, キ16, ア36
シク教　イ25, 33
地獄　仏19, 43, イ13, 15, キ11, ア7
自然　仏2, 20, 42, 43, 45, イ2, キ2, 10, 40, 41, ア2, 29
十戒　キ11
ジハード（聖戦）　イ41
自爆テロ　イ40, ア44
社会主義　仏33, キ31, 36, 37
宗教改革　キ27, 28, 33, ア20, 21, 22
宗教保守派　ア24, 25, 26, 27
十字架　イ20, 33, 35, 39, キ7, 15, 16, 23, ア13, 33
十字軍　イ26, キ24, 25, 32
儒教　キ35, 37
出家　仏8, 24, 25, 37, 38
巡礼　イ9, 14, 17, 29
上座部仏教　仏25, 34, 37, 38, 39, 40
ジョージ・ブッシュ　ア17, 19, 25, 45
ジョージ・ワシントン　ア13
ジョン・F・ケネディ　ア16
進化論　ア28, 29, 30
神社　仏39, 42, 45
人種　イ17, ア7, 32, 40, 45
神道　仏3, 42, 43, 45
神父　キ19, 21, 26, 32, ア20, 21
新約聖書　イ15, 22, 23, キ6, 7, 8, 12, 13, 15, 18, ア9, 25, 26
スイス　キ27, ア20, 22, 27
スコープス（モンキー）裁判　ア28

スペイン 🟧26, 🟦34, 35, 38, 39
スリランカ 🟪34, 35, 36, 37, 🟦33
スンニ派 🟧28, 42
政教分離 🟩11
聖書 🟧12, 15, 22, 23, 34, 38, 🟦8, 10, 12, 13, 14, 17, 26, 27, 31, 44, 🟩3, 9, 15, 19, 21, 23, 24, 26, 27, 36
聖遷（ヒジュラ） 🟧8
聖体拝領 🟦20
聖地 🟪9, 21, 🟧3, 16, 17, 27, 29, 36, 38, 🟦16, 24, 🟩40
聖墳墓教会 🟧39, 🟦16
宣教師 🟦32, 33, 34, 35, 36, 37, 38, 41, 🟩23
先住民 🟦39, 40, 41, 🟩6, 9
宣誓 🟩3, 11
洗礼式 🟦21, 🟩12
僧 🟪9, 24, 26, 27, 28, 30, 31, 32, 33, 34, 35, 37, 38, 39, 40
総本山 🟪34

た行

タイ 🟪3, 6, 34, 37, 38, 39, 40
韓国 🟦37
大航海時代 🟦32
大乗仏教 🟪19, 25, 26, 27, 28, 29, 30, 32, 34, 40, 41
多神教 🟪20, 21, 42, 🟧8, 🟩15
ダライ・ラマ 🟪32, 33
断食 🟧14, 16
チベット 🟪32, 33
チベット動乱 🟪33
中国 🟪6, 22, 23, 25, 26, 27, 28, 30, 31, 32, 33, 36, 🟦33, 35, 36, 37, 38, 🟩37
中東 🟧24, 33, 35, 42, 🟩38
中東戦争 🟧36, 🟦17
朝鮮半島 🟧25, 27, 28, 🟦37
朝鮮民主主義人民共和国（北朝鮮） 🟦37
寺請制度 🟪29
天国 🟪19, 43, 🟧13, 14, 41, 🟦11
天上 🟪16, 19, 43
天地創造 🟧12, 🟦10
ドイツ 🟧33, 🟦18, 26, 27, 28, 30, 🟩16, 20, 22, 33
同性婚 🟩25, 26, 27
東方正教会 🟦18, 20, 23, 27, 30, 31, 43, 🟩20
トルコ 🟧26, 27, 30, 31, 32, 33

な行

嘆きの壁 🟧38, 39, 🟦16
ナチス・ドイツ 🟧35, 36, 🟦16, 🟩33
日本 🟪2, 3, 6, 7, 25, 27, 28, 29, 30, 31, 34, 36, 38, 39, 42, 43, 45, 🟧18, 24, 42, 43, 44, 🟦8, 33, 37, 38, 43
妊娠中絶 🟩25, 26
ネイション・オブ・イスラム 🟩39, 40
ネイティブアメリカン（インディアン） 🟩6, 9, 13
ネパール 🟪7, 9, 32
涅槃 🟪10
念仏 🟪29

は行

パウロ 🟦22, 23, 31, 🟩21
パキスタン 🟪8, 25, 🟧25, 32, 33
ハディース 🟧9, 11, 29, 30
バラモン教 🟪11, 16, 20, 21, 32
パレスチナ 🟧34, 35, 36, 37, 🟦14, 16, 17, 🟩36, 37
パレスチナ人 🟧36, 37, 🟦16, 17, 🟩37
PLO（パレスチナ解放機構） 🟧37, 🟦17
東ローマ（ビザンツ）帝国 🟧26, 🟦23, 30
ピューリタン 🟦27, 29, 34, 🟩9, 10, 13, 16, 20, 21
ヒンドゥー教 🟪3, 16, 20, 21, 22, 23, 32, 35, 36, 40, 41, 42, 43, 🟧25, 31, 🟦34, 🟩15
フィリピン 🟦35
福音主義者 🟩24
福音書 🟦7, 🟩25
豚肉 🟧14, 18
仏教 🟪2, 3, 6, 9, 10, 14, 16, 17, 18, 19, 20, 21, 22, 23, 24, 25, 26, 27, 28, 29, 30, 31, 32, 34, 35, 36, 37, 39, 40, 42, 43, 🟧19, 20, 25, 31, 🟦37, 38, 🟩15
仏教徒 🟪9, 29, 30, 36, 37, 🟦35, 37
仏像 🟪26, 27, 36, 39, 🟧20
ブッダ 🟪6, 7, 8, 9, 10, 11, 12, 13, 14, 15, 16, 17, 18, 21, 22, 24, 25, 27, 29, 30, 31, 35, 37
ブラジル 🟦39
フランシスコ・ザビエル 🟦33, 38
フランス 🟪40, 🟧33, 35, 🟦30, 35, 🟩20, 37
プロテスタント 🟦8, 21, 27, 33, 34, 35, 37, 41, 🟩7, 9, 16, 17, 20, 21, 22, 24, 30
ペテロ 🟦22, 23, 31
ベトナム 🟪40, 🟦35
ヘンリー8世 🟦28, 🟩9, 20
牧師 🟦21, 🟩21, 22, 40, 41
ポルトガル 🟧26, 🟦33, 34, 35, 38, 39, 40
煩悩 🟪10, 15, 29

ま行

マリア 🟧23, 🟦6, 31
マルコム X 🟩39, 40, 41

マルティン・ルター（ルター） 🟦26, 27, 🟩20
マレーシア 🟧18, 32, 🟦33
ミサ 🟦20, 21
南アメリカ 🟦39, 43
ミャンマー 🟪30, 34, 37, 39, 40
民族 🟪3, 20, 35, 37, 🟧3, 9, 17, 22, 🟦6, 14, 15, 37, 🟩6, 7, 33, 45
ムスリム 🟧6
ムハンマド 🟧6, 7, 8, 9, 10, 11, 13, 15, 16, 17, 18, 21, 23, 28, 39, 🟩14
メイフラワー号 🟩8, 9, 13
メッカ 🟧3, 6, 7, 8, 9, 16, 17, 20, 22, 29, 39, 🟩40
メディナ 🟧8, 9, 29
モーゼ 🟧15, 23, 🟦11
モスク 🟧20, 44
モルモン教 🟩7, 22, 23

や行

ヤハウェ 🟦14, 🟩32
ユダヤ教 🟧9, 12, 15, 22, 23, 24, 31, 36, 38, 🟦6, 7, 8, 10, 11, 12, 13, 14, 16, 17, 30, 🟩7, 14, 15, 26, 32, 33, 36, 39, 43
ユダヤ教徒 🟧22, 23, 34, 38, 🟦6, 7, 10, 12, 13, 14, 15, 20, 22, 25, 🟩14, 32, 37, 43
ユダヤ人 🟧15, 23, 34, 35, 36, 37, 38, 🟦6, 11, 14, 15, 16, 17, 🟩32, 33, 34, 36, 37, 39
ヨーロッパ 🟪26, 41, 🟧22, 24, 26, 27, 30, 31, 33, 35, 37, 40, 42, 44, 🟦3, 15, 18, 21, 23, 26, 27, 28, 32, 33, 34, 36, 38, 39, 40, 41, 44, 45, 🟩9, 20, 22, 33
預言者 🟧6, 7, 8, 9, 14, 15, 19, 23, 28, 39, 🟦13, 🟩23

ら行

ラオス 🟪36, 39
律法 🟧15, 22, 23, 34, 38, 🟦8, 9, 12, 14, 🟩15, 26, 36
輪廻 🟪16, 17, 19, 21, 31, 🟧25
礼拝 🟧11, 14, 16, 21, 🟦3, 21, 🟩12, 13, 42
ローマ・カトリック 🟦3
ローマ帝国 🟧34, 38, 🟦7, 14, 15, 22, 23, 🟩20, 33, 36
ローマ法王 🟦3, 22, 24, 25, 26, 27, 31, 33, 36, 39, 45, 🟩21, 30
六信五行 🟧14, 18
ロシア 🟦30, 31, 43, 🟩37

わ行

WASP 🟩16

■ **著者**

池上 彰（いけがみ　あきら）

1950年、長野県松本市生まれ。慶應義塾大学卒業後、1973（昭和48）年、NHKに記者として入局。1994（平成6）年から「週刊こどもニュース」キャスター。2005年3月にNHK退社後、現在ジャーナリストとして活躍。著書に『ニュースの現場で考える』（岩崎書店）、『そうだったのか！アメリカ』（集英社）、『相手に「伝わる」話し方』（講談社）、『池上彰の情報力』（ダイヤモンド社）ほか多数。

■ **表紙・本文デザイン**／長江知子

■ **編さん**／こどもくらぶ（河原　昭）

「こどもくらぶ」はあそび・教育・福祉分野で、子どもに関する書籍を企画・編集するエヌ・アンド・エス企画編集室の愛称。小学生の投稿雑誌「こどもくらぶ」の誌名に由来。毎年約100タイトルを編集・制作している。
作品は「ジュニアサイエンス これならわかる！科学の基礎のキソ」（全7巻）「ジュニアサイエンス 南極から地球環境を考える」（全3巻、ともに丸善出版）など多数。

■ **制作・デザイン**／株式会社エヌ・アンド・エス企画（石井友紀）

■ **イラスト**／中野リョーコ

■ **編集協力**／古川博一

■ **写真協力**

P2：© Beboy-Fotolia.com
P4、P13（右下）：© June M Sobrito ¦ Dreamstime.com
P6（左）：Rafael Ben-Ari
P6（右）：© Bigapplestock ¦ Dreamstime.com
P6（右下）：© Bigapplestock ¦ Dreamstime.com
P7：© Dan Breckwoldt ¦ Dreamstime.com
P12：© Sean Pavone ¦ Dreamstime.com
P13（中央）：© Monkey Business Images ¦ Dreamstime.com
P18（2点）、P45：© Americanspirit ¦ Dreamstime.com
P22（上）：© Izanbar ¦ Dreamstime.com
P22（下）：©Nancy Hixson
P23：© donyanedomam
P32：© Meunierd ¦ Dreamstime.com
P34（上）：© Markwaters ¦ Dreamstime.com
P34（下）：© Fashionstock .com ¦ Dreamstime.com
P35（上）：© Featureflash ¦ Dreamstime.com
P35（下）：© Thevirex ¦ Dreamstime.com

※上記以外の写真そばに記載のないものは、社内撮影分もしくはフリー画像など。

この本の情報は、2016年9月現在のものです。

※地名表記は『新編 中学校社会科地図』『楽しく学ぶ小学校の地図帳』（共に帝国書院）、宗教人口の数値は特に記載のない場合、外務省ホームページによる。

池上彰のよくわかる世界の宗教
アメリカの宗教

平成28年11月25日　発行

著者　池上　彰

編さん　こどもくらぶ

発行者　池田　和博

発行所　丸善出版株式会社
〒101-0051 東京都千代田区神田神保町二丁目17番
編集：電話（03）3512-3265／FAX（03）3512-3272
営業：電話（03）3512-3256／FAX（03）3512-3270
http://pub.maruzen.co.jp/

© Akira Ikegami, 2016
組版・株式会社エヌ・アンド・エス企画／
印刷・富士美術印刷株式会社／製本・株式会社 松岳社

ISBN 978-4-621-30090-9　C 8314　　Printed in Japan
NDC160/48p/27.5cm×21cm

本書の無断複写は著作権法上での例外を除き禁じられています。